地球を癒す人のハンドブック

西園寺昌美

白光出版

表側の地球世界感謝マンダラは、いずれも実物は直径42㎝の大きさのもので、２㎜幅の円周105周に、それぞれ地球世界への感謝の言葉が小さく描き綴られています。

地球世界感謝マンダラの詳細については、43頁以降をご参照ください。

序文

二十世紀、ほとんどの人類が、他のあらゆる生きものよりも、〝人間〟の存在が大切であるという考え方で生きてきました。また同時に、個人においても、〝自分〟が他のすべてのものより優先されてきました。

〝自分〟こそがすべてであったのでした。何より大事なのは、まず〝自分〟が大丈夫かであり、〝自分〟が安全で傷つかないかであり、〝自分〟が満足でき心地よいかであり、その他のことはさほど意味をなさなかったのです。

このような自己中心的な生き方は、私たち人類のみが生あるものという考え方に基づいたものでした。海や山、大地や川は生命《いのち》なきもののようにみなされてきたのでした。そして、動物や植物は生はあっても、意志も感情も持たないものとされ、私たちが自由に支配できるものと考えられてきたのです。

今、私たちの周りを見回してみると、そのような考え方の結果を、至るところで見ることが出来ます。自然のバランスは崩れかけ、さまざまな動植物の種が絶滅しつつあります。まさに、地球が傷ついていると言えるのです。人類が課してきたその重荷により、大自然は喘ぎ、乾き、痛んでいるのです。

二十一世紀、地球が健全な形で存続するためには、人類は大きく意識を変えてゆかなければなりません。私たちの思考と地球の間には、深い関わりがあることに、私たち一人一人が気づく必要があるのです。

私たちの病みし惑星を蘇らせるためには、私たち一人一人が地球の生きとし生けるものすべてに対して、深い感謝を捧げる必要があるのです。そうすることによって、私たちは地球に癒しのエネルギーを吹き込むことが出来るのです。

私たちの愛すべき地球に向けられる感謝の言葉、感謝の想い、感謝の行為……そのような感謝の心を持つことにより私たちの生き方は大きく変わってゆき、そして地球そのものも自らを癒す力を取り戻してゆくのです。

皆様がこの本を読まれることによって、私たちを育むすべてのものに対する感謝の想いが湧き上がり、日に日に心が幸福に満たされてゆくことを願っております。

そして、私たちが地球上の生きとし生けるものすべてと一つであるという意識を深めてゆくにつれ、私たちはお互いに愛し合うこと、慈しみ合うこと、尊重し合うことの大切さをより深く理解できるようになるのではないかと思います。

著者識す

地球を癒す人のハンドブック——目次

PART 1

人類と自然との関係

PART 2

地球世界への感謝の言葉

PART 3 マンダラの作成方法

PART 4 生きとし生けるものとの交流

ブックデザイン・渡辺美知子

PART 1

人類と自然との関係

質疑応答

第1章

打ち寄せる海の波

子供の頃、夏の休暇をカナダの海辺で過ごしていましたが、波の音を聞いているととても平和な気分になりました。今でもその時の深い心の安らぎを覚えています。人はなぜ海を眺め、波の音を聞くことを好むのでしょうか。

それは海が私たちに生命の波動、宇宙根源の響きを思い出させてくれるからです。寄せては返す波の音は、宇宙の響きそのものを伝えています。私たちがすっかり忘れ去っていた、しかし心の奥では求めつづけていた宇宙の響きがそこにあるのです。波は自然の動きそのもので、人工的なものは一切加えられていません。海自体が自然のエネルギーそのものであり、そのエネルギーが波の動きや音となって私たちに伝わってくるのです。そして、その海の自然のリズムは私たちの肉体の中にも存在しています。それは、生命の根源的な響きであり、エネルギーなのです。

今多くの人々は、宇宙根源のリズムと同調した生き方をしていないため、苦しんでおります。宇宙との一体感を失い、苦しんでいるのです。彼らは本来の生命のリズムに回帰したいのです。そのために海を眺めに行くのです。

想いの波が千々《ちぢ》に乱れ、肉体を構成している細胞さえも異変を起こしている現代人は、海に行くことで本来の調和のとれた姿に戻ろうと試みるのです。心も身体も宇宙と一体だったことを思い出そうとするのです。もし、私たちが自分たちの力だけで傷ついた肉体や心を癒そうとすれば、それこそ途方もない努力を積み重ねなければなりません。

しかしそんな時海に行けば、海は人々をその胸に抱き取り、宇宙が奏でる調和の響きに戻してくれます。それが海の持つ役目の一つでもあるのです。

今日、ほとんどの人が、多くのストレスや心配事を抱えて生きています。その中で心や体のバランスを保ってゆくのは容易《たやす》いことではありません。そんな時、人は海に行くのです。そして、街に戻ってきた時には、リフレッシュされ、再び創造的な活動が出来るのです。しかし時の経過とともに、また、さまざまな否定的な出来事に曝《さら》されます。そしてまた、海や大自然のもとへ戻りたいと願うのです。

たとえるなら私たちは大海の一滴。大宇宙の営みの中の一つの生命です。どんな一滴でも海より生じ海に還るように、人もまた宇宙より生じ宇宙に還ります。

そう考えると、今の人類は宇宙と一つであるという感覚を失ったまま生きているといえます。宇宙の律動を忘れ去ってしまったのです。でも、波の音を聞くだけで人は心の故郷に帰ることが出来ます。心の故郷、それは宇宙の律動、そして神の響きそのものなのです。人は波の音を通してそれを思い出すのです。私は宇宙の一員、神から分かれた生命だったのだと。

現代社会は忙しい社会です。人々は、そのめまぐるしいペースに慣れっこになっていいます。そのペースに飲み込まれてしまうと、忙しく慌しい波動を呼び寄せてしまいます。その証拠に、そんな人々は暴力や騒動を扱ったテレビ番組やニュースを好んで見ています。そしてそうした傾向は、本人が自分自身の内奥の深い波動に気づくまで続くのです。

宇宙にはさまざまな波動が流れています。しかし、宇宙本来の根源の波動は平和と調和に満ちたものです。そして、この世のいろいろな宗教がその宇宙根源の波動を伝えようとしています。たとえばキリスト教の聖書には「太初に言《ことば》ありき」というくだりがありますが、この言とは宇宙根源の波動のことです。アメリカインディアンの教えの中にも同じものがあり、彼らの打つ太鼓のリズムにその響きを感じとることが出来ます。

第2章

峻厳《しゅんげん》なる山の愛

海のお話の中では、私たちが波の音を聞くとなぜ心が安らぐのかということをお聞きしましたが、山をこよなく愛する人もいます。山のどんなところが彼らを惹きつけるのでしょうか。

多くの人々にとって海はとても馴染みやすい存在です。海は私たちを暖かく包み込み癒してくれる、そんな感じがします。

一方、山はというと、海のような馴染みやすさや親しい感じはありません。それでもなお、山は人類にとってとても貴重な存在なのです。私はもっと多くの人が山に意識を向け、山のメッセージを受け取って欲しいと思っています。

山は孤高にして険しく、人々を容易に寄せつけませんから、多くの人々にとって山はただ遠くから眺めるだけの存在です。しかし少数ではありますが、その山に惹かれ登ろうとする人たちがいます。

その人たちはなぜ山に登ろうとするのでしょうか。

山に惹かれる人たちはちょっと独特の価値観を持った人です。彼らは世俗的な喜びだけでは満足できず、自らを高めるためにあえて自らに困難を課そうとするのです。彼らが山に登るのは、究極的には自我を捨て去り真の自己に出会いたいという強い願望からくるのです。

高い山に登るのは、決して容易ではありません。不注意で軽率な態度を取れば、転落の憂き目に遭うことにもなりかねません。たった一歩の過ちが命を危険に曝します。すべての細胞を覚醒させて慎重に足を運ばねばなりません。

全身の神経を研ぎ澄まして一歩一歩に意識を集中するということは、一歩一歩山を意識するということでもあります。自ずと山に対する畏敬の念が芽生えます。山の波動はいつも峻厳であり、人を慈しむ海や太陽のような暖かく包み込む波動ではないのです。

慈しむ愛も峻厳なる愛も、共に大切な愛です。人類にとって、慈しみの愛だけでは足りません。また峻厳なる愛だけでも不十分です。慈しみの愛と峻厳なる愛とが互いに作用し合い、調和してはじめてこの世の愛は完成するのです。

山の持つ峻厳なる愛の響きは宇宙の調和に深く寄与しています。自然界のものすべてはそれぞれ独自の愛の響きや神の法則に色分けされた働きをしながら宇宙法則の秩序の中に組み込まれています。海も、大地も、太陽も、風も、雨も、みなそれぞれに違う神の法則のもとに動いているのです。

なぜ宇宙にはそんなにたくさんの神々の法則が存在するのですか。

宇宙はそれほどたくさんの要素から成り立っているからです。それぞれがそれぞれの法則に従いながら、大宇宙の運行の一翼を担っているわけです。

それを知る一番いい方法は大自然の中に身を置くことだと思います。私たちが海や山や雲や動植物などと出会う時、それぞれの持つ神の響きに触れることが出来ます。そして人は時に、そうした自然のうちの一つに強く惹きつけられることがありますが、それは心がその自然に宿った神の法則や働きを求めているからなのです。

例えば心が慈しみを求めている時、人は太陽の光を浴びたり、波の音を聞きたくなったりします。そして自己を高める峻厳なる愛に触れたい時、人は山に向かうことでしょう。

山岳地帯に足を踏み入れると、私たちは空気の違いに気づきます。研ぎ澄まされた風、身も心も引き締まるような空気、そびえ立つ木々……すべてのものが峻厳なる愛の波動を送ってきます。しかし峻厳であっても決して私たちを厭《いと》い拒む響きはなく、自ずと山の持つ愛の気高さだけが感じ取れます。私たちは心の奥底で、この厳しさが拒絶の響きではなく、気高い愛の響きだということを知っているのです。

人は時にこの峻厳なる愛を求めるものです。自己を高め、心を磨き、身体を鍛えるのに山岳地帯は最適な場所と言えます。のどかな海や緑豊かな平原は、自己を厳しく鍛えるには適当な場所とは言えないでしょう。それにはやはり山岳地帯や荒地ということになりますね。

深山の木々も、山そのもののように深い厳粛な響きを湛《たた》えていますが、私たちは山や木々のそんな峻厳な愛の響きに触れて、自らの奥にある神の響きを思い出すのです。

登山はその過程においては大変厳しく、時には命を危険に曝すこともあります。しかし人々は、登るにつれ喜びを感じ始めます。それは神聖なる山の波動に触れて、真の自己へと回帰してゆくからなのです。

山の起源について考えたいのですが、山はどうして出来たのでしょうか。

エネルギーが集中することによってです。地下のエネルギーは均等に分布しているわけではなく、あるところでは低く、あるところでは高くなっています。それはいわゆるマグマと呼ばれる地中のエネルギーなのですが、これが地表を持ち上げ凝縮されて山となるのです。活火山を見てみると、その下には厖大《ぼうだい》な量のマグマのエネルギーが存在しています。高い山ほどこのマグマの容量が大きくなります。

このエネルギーの集中している高山は、その周り一帯の調和を保つ働きをしています。日本では主に富士山がその役割をしています。ネパール、インド、チベット、ブータンなどではヒマラヤ山脈が、アメリカではロッキー山脈がその役割をしています。これらの山々はその地域を浄化するエネルギーを放っているのです。

生きとし生けるものはさまざまなエネルギーの恩恵を受けて生存しています。太陽のエネルギー、山のエネルギー、海のエネルギー……このような大自然のさまざまなエネルギーによって生かされているのです。

そして、それぞれのエネルギーにはそれぞれの働きがあります。例えば大地は命を生み出す働き、海は調和の働きですね。山も同じく調和の働きをするのですが、慈しみながら調和させる海とはまた違った厳粛な働きです。

なぜ火山の噴火は起こるのですか。

さまざまな理由があります。一つには世界中の山々はみなそれぞれお互いにエネルギーを交換し合っているからです。また地球自身とも交流しています。

地中では常にエネルギーの均衡を保つ運動が行なわれているのです。地球のある地域にマグマのエネルギーが集まり過ぎると他に希薄になる部分が出てきます。地球はエネルギーの不均衡を正そうとし、山がそれに応える形で噴火を起こします。噴火は地球のエネルギーの均衡を守るための営みなのです。

またもう一つ、噴火には人間側の原因もあります。人類が長年にわたって山を痛めつけてきたからです。もちろん実際に人間が山を破壊する場合もありますが、人類の不調和な想念行為が結果として山に多大な負担をかけてきたということがあります。人類が発する不調和な想いは、荒々しい波動となり地表を覆います。この波動こそが山の持つ調和の働きを損ない、山を痛めつける原因となるのです。

もし私たちがお互いや、動植物、またあらゆる自然界のものへの思いやりと愛と感謝に満たされ、その波動で地球を包むならば、山は安定した形で存在できます。逆に地上の人類が欲望や敵意といった身勝手で不調和な想いを発すれば、山は安定を失い噴火の危機に曝されることになるのです。実に何世紀にもわたって人類は、その不調和な想いによって山々に多大な負担をかけてきました。

もちろん、人類の否定的な想念行為がなくても山は噴火をするものです。人類がこの地球に誕生する前から、宇宙の法則に従って火山は噴火を続けてきました。しかし人類の出現に伴って、人類の想念がその噴火活動に大きな影響を与えるようになりました。火山活動が穏やかになったり激しくなったりすることに、人類の発する想いが大きな関わりを持っているのです。

第3章 山と一つに融け合う

山の働きを損なわず、それを援けるために私たちが出来ることはありますか。

一番大切なことは山と一つになることです。そのためには自我というものを捨て去らなければなりません。山の心を感じ取って、それと調和するのです。表現を換えて言うならば、山に敬意を払い感謝を捧げるということです。

それは、遠くから眺めながら行なうだけでいいのでしょうか。それとも登るという行為を通したほうがいいのでしょうか。

どちらでもかまいません。遠くから敬意を込めて眺めることも出来ますし、もちろん登ることによってそれを伝えることも出来ます。

山は崇高で気品に満ちていて、威厳があります。山に登る時、そんな山への尊敬の念を失うことなく登りつづければ、山のエネルギーも高まり、同時に私たちも山のエネルギーに守られます。たとえその山が、登るのが難しいほどの高い山であったとしても、自我を捨て去り山と一つに融け合っていれば、山のエネルギーが一歩一歩を導き、力を与えてくれるでしょう。

高所恐怖症で山登りが苦手な人がいますが、他の人は平気なのになぜその人だけ高い所を恐れるのですか。

それは幼い頃、高い所から落ちたという記憶による場合もありますが、多くは過去世の体験によるものです。遥か昔、この肉体を纏《まと》う前、私たちはエネルギー体として暮らしていました。しかし肉体というものを纏ったその時から、人類の意識は次第に肉体という存在の中に閉じ込められるようになり、恐怖することを覚えたのです。肉体に閉じ込められた意識のまま高い所から落ちるという体験をした場合、その恐怖心だけが拡大されて高所恐怖症という残像となるのです。

また高い所は平気だけれど、狭いところが駄目だという閉所恐怖症も、同じように過去世の肉体の体験の残像なのです。

ではそれらの恐怖症は、いまの自分のせいというわけではないのですね。

その通りです。それらは、その人の人格やこの世に生まれてきた天命とは何の関わりもありません。過去世の遺物に過ぎません。

過去世に海で溺れた体験を持つ人は、やはり今生では海を好まず、海に行きたがらないでしょう。また過去世に山で遭難死したり怪我をした体験を持つ人は、やはり山登りは避けたがるでしょうね。

高所恐怖症だけれど、それでも山に登ってみたいという人に何かアドバイスはありませんか。

山と一体になればいいのです。とにかく山と自分とは一つなのだという感覚を養うことです。

山に登る時怖くなるのは、山と地面との落差を意識してしまうからなのです。山との一体感を失い、山と自分は別個のものだと認識してしまった時、意識が分離して恐怖を覚えるのです。

一体になるという感覚を掴《つか》んでしまえば、怖いものはありません。山を見る時はその山と一体になり、大地にあればその大地と一つに融け合うのです。それこそあなたの意識が大地と完璧に一体となっていれば、たとえ転んだとしても怪我をすることすらないでしょう。大地があなたをしっかりと受け止めてくれるからです。

その原理についてもう少し詳しくお聞かせ願えませんか。

そうですね。一体になるということは、つまり共鳴するとか、波動を合わせるとか、気を交流させるとかといった心の状態をいいます。

私たちの想いの波動は、肉体波動よりもずっと早く目的地に到着します。例えば、外国に旅行する場合を想像してください。私たちは行こうと決めた時、直ちに目的地に想いを馳せるでしょう。会いたいと思ったら、気持ちはすぐにその人を捉えます。やろうとすること、行きたい場所、すべて心はダイレクトにそこに向かいます。しかし肉体は……うんと時間がかかりますね。肉体は、まず予定を立て、切符を買い、空港に行き、飛行機に乗り、そしてやっと目的地に到着するでしょう。肉体の波動は心の波動のようにはゆきません。

一体になるということにも同じ原理が働きます。あなたが大地と一つだと思えば、あなたの想念は直ちに大地と一つに融け合います。あなたが山で足を踏み外したとしても、その結果を肉体が体験する前にあなたの思いは大地に届き、大地は自分と一つであるあなたを受け止める準備をします。そしてあなたの肉体が大地に到着する時には、大地はやさしくあなたを抱き止めるでしょう。一体になるということはそれほどすごいことなのです。

第4章 熊と鯨

今日、多くの人々が動物の受難を憂えています。数えきれないほどの動物たちが狂《きょう》牛病《ぎゅうびょう》や他の伝染病で命を落としているからです。それにはどのような原因があるのでしょうか。またそれに対して私たちは何をしたらいいのでしょう。

そうですね。その狂牛病や口蹄疫《こうていえき》などの伝染病は動物の世界からの強いメッセージ、自然界からの重大な警告だと思います。今まで人類は飽くなき欲望によって、動物たちに心無い振る舞いをしてきました。そこで自然界はもうこれ以上耐えることは出来ないと、このような伝染病の形を取って人類に再考を促すメッセージを送ってきたのだと思います。

それはどういう内容のメッセージなのでしょうか？　もう私たちは肉を食べるべきではない、と言っている人たちもいますが……。

今までお肉を食べてきたことがいけないのではなく、人類が感謝なくお肉を食べてきたことがいけないのだと思います。

自然界というのは、動物、植物、大地、空気などあらゆるものがギブ・アンド・テイクの関係によって成り立っています。その中で自然界に何一つ与えることなく、ただ奪いつづけるだけの行為を繰り返してきたのがこれまでの人類なのです。動物の世界にこのような深刻な病気が蔓延しても、普通はその動物の受難のことより、それが自分たちの生活に影響するのではないかという心配のほうが先に立つでしょう。

そんな私たちに対して自然界は、もっと自然との一体感を深め、動物や植物などに感謝の気持ちを持ってくださいと、こんな形でメッセージを送っているのだと思います。

この問題にいち早く社会が対応して科学的な対策を講じたとしても、根本の問題は何も解決されません。人類が動物に対して真に感謝の気持ちを持たない限り、また次なる問題が生ずるでしょう。

今は一部の人々によって、動物に対して感謝を捧げる習慣が浸透してきたので、ずいぶん動物が癒されてきています。しかし、それがもっと一般社会に浸透してゆかない限り真の解決は訪れないでしょう。人類に真に感謝の心が芽生えなければ、また次なる問題が現われてくるからです。

次なる問題とはどんなものなのでしょう。

人類が何の反省もなく同じ行為を続けてゆくならば、自然界からの次の警告は、多分昆虫を通して与えられるでしょう。無数の昆虫が食糧となる野菜を食べ尽くし、人々が食べるものに事欠くといった情景が心に映ります。

それでもなお人類が自然界との調和に目覚めなければ、その次は魚の世界にと異変は起きてくるでしょう。

話は変わりますが、最近、熊をテーマにしたテレビ番組を見ました。それは子熊が母熊と暮らしながら、やがて自分で餌が取れるようになるまでの物語でした。感動的だったのは、長い冬眠に備えて食糧を探しつづけていた熊の親子が、ある日、海岸に打ち上げられた一頭の鯨の死体を発見する場面です。この鯨のお陰で多くの熊たちが冬眠前の貴重な食糧にありつくことが出来ました。映像はこの天からの贈り物を嬉しそうに食べる熊たちを映し出します。この一頭の鯨のお陰でこれらの熊たちが厳しい冬を生き延びることが出来るのです。また熊のみならず、他の多くの動物たちや鳥たちが、満足そうにこのご馳走を食べていました。

さて、なぜこんなすごいことが起こったのでしょう。鯨には自らの体を他の動物に与えたいというような思いがあったのでしょうか?

その映像が語ることとは、人間が一切手を加えなければ、宇宙の法則はこのように完全な形で地上の生物たちの営みをサポートしているということです。

宇宙の法則から見ると、鯨がその体を熊や他の動物に捧げることとは、その行為を通して動物界の営みに寄与していることになります。これにより鯨の天命は完うされるのです。もちろん鯨が意識的に熊に自分の体を与えたわけではありません。鯨は単に宇宙の法則のままにその一生を終え、その亡骸を波が海岸へと運んだに過ぎません。

しかし宇宙の法則というものは、このように完璧な形で生命の流れを守っているのです。それは見事なものです。

なぜこのようにして動物は生きているのでしょう。それは進化のためです。動物たちは宇宙の法則により、その無限なる可能性を表現しなければなりません。彼らは進化してゆくのです。進化と調和は、宇宙の意志なのです。

宇宙の法則とは言い換えれば、完全調和なのです。完全調和そのものが宇宙の法則なのです。この調和した働きのお陰で私たちはさらなる進化を遂げてゆくことが出来るのです。

熊が鯨を食べる時、鯨は熊と一つになるのですか。

鯨の肉体の要素が熊の体の一部となります。鯨の生命は熊の生命と融け合うのです。

この相互作用は、遠い将来に熊と鯨がまた出会うということも意味していますか。

そうです。いつの日か熊が鯨に恩返しする日がやってくるでしょう。それが自然界の法則だからです。ギブ・アンド・テイクの関係です。

鯨と熊は、はっきりとした意識をもってそのような行為をなしているわけではなく、ただ宇宙の法則に従って生きているに過ぎません。これは直感と呼ばれているものです。動物や昆虫はみな、この直感を持っているわけですが、それはどうしてでしょう。宇宙根源の世界から流れてくる生命エネルギーのままに動いているからです。

他の動物を見ていると、例えば犬ですが、それぞれに個性があるようです。どんな時でも穏やかな犬もいれば、感情的に激しい、闘争的な犬もいますね。

それは進化には個別性があるからです。個々の進化の集約されたものが、種全体の進化となります。

鯨にも同じことが言えるのですね。

そうです。宇宙の法則はすべてのものに等しく働きますから。

鯨はその崇高な死によって、進化してゆくと言えるわけですね。

そうです。この鯨が次に生命を得る時は、群れのリーダーとなり、他の鯨たちのよいお手本となるでしょう。

空を渡る鳥たちを見ていると、必ず群れを率いるリーダーがいますね。これもたまたまそうなっているわけではありません。リーダーたちは過去世の生まれ変わりを通して、動物界の進化に寄与するような素晴らしい体験をしてきたので、リーダーとなり群れを率いることが出来るのです。

第5章

私たち一人一人が出来ること

今、多くの人々が人類の自然破壊や動物虐待に心を痛めていますが、何をしたらいいのか分かりません。私たちは何か出来るのでしょうか。

一番大切なことは、地球や自然に対して私たちの愛と感謝の波動を送ることです。私たちの愛と感謝のエネルギーは、傷つき汚れた動植物、水などの自然界すべてのものを変えます。私たちの愛と感謝は自然界のものたちのエネルギーを高め、本来備わっている復元力を引き出します。

なぜなら私たちは、人間であろうが、動物であろうが、植物であろうが、山であろうが、鉱物であろうが、海であろうが、みな宇宙の一員なのですから。私たちの肉体を通して流れ出す響きは宇宙のすべてのものと共鳴し合い一つに融け合ってゆくのです。私が愛と感謝を捧げることの大切さを力説するのはそのためです。

どうやってその愛と感謝の波動を送ればよいのですか。

最初は練習が必要です。まず、私たちの細胞の一つ一つから、私たちの行為から、愛と感謝の波動が溢れ出るような新しい習慣や考え方、行動を身に付ける必要があります。

そのためにまず、愛と感謝に溢れた言葉を作り出してみましょう。

例えば、道を歩く時こう言ってみてください。「愛する地球さん、私を支えてくださってありがとうございます」

顔を洗う時は、「お水さん、あなたはなんて素晴らしいのでしょう。あなたのおかげでさわやかになりました。あなたがなかったら私たちは生きてゆくことが出来ません」

私たちがこのように思い、語る時、調和した労《いたわ》りのエネルギーが徐々に私たちの中から溢れてきます。そして、その素晴らしいエネルギーが私たちの見るもの触れるものに振りまかれるようになるのです。

そしてそのエネルギーはその対象物に留まらず、広く私たちを取り巻くすべてのものに運ばれてゆきます。

私たちの想いや言葉には、すごい力があるのですね。でもこのことは頭では分かっても、想いや言葉を常に愛と感謝で満たすには、よほど気をつけなければなりませんね。

そうです。想いや語る言葉に注意するのはとても大切なことです。
またその他に、地球世界感謝マンダラを描くこともいいでしょう。

地球世界感謝マンダラとはどのようなものですか。

地球世界感謝マンダラは、この自然界のすべてのものに感謝の波動を送るとても効果的な方法です。それは同心円状に一つ一つ手書きで感謝の言葉を綴ったものです。このようなマンダラを描くことによって私たちの本心はさらに開発されますが、マンダラそのものも光を発し、この自然界にエネルギーを送るのです。

そのマンダラはどのようにして描くのですか。

このマンダラを描くに当たってはまず同心円の下書きをします。(同心円がプリントされた特別な用紙もあります。85頁にサンプルがありますので、ご覧ください)円の下書きが済んだら、まず一番中心の円の中から描き始めます。そこから感謝の言葉や文を描き始め一番外側の円周内が埋まるまで続けます。

例えばこんな言葉です。「愛しい地球さん、ありがとう」「海さんありがとう」「可愛い動物さん」等々、そんな言葉を描いてゆきます。

大地、太陽、植物、動物、など個別に一枚一枚のマンダラを仕上げることも出来ますし、一枚にいろいろな対象物への感謝を綴ることも出来ます。それは好き好きでいいのです。

マンダラ用紙には七周のものもあれば二十八周のものもあり、四十二周というものもあるようですが、サイズや周の数には何か意味があるのですか。

周の数はすべて七の倍数になっています。お描きになる時はぜひ七の倍数で進めてください。七という数字は完成を意味します。サイズは周の数によりさまざまですので、それ自体には何の意味もありません。お好きなサイズで描いてください。またどんな筆記用具を使ってお描きになってもかまいません。

マンダラを描くに当たって、用紙とペンを用意する以外に何か準備するものはありますか。

描き始める前にぜひ感謝の言葉を唱えていただきたいのです。例えば海への感謝のマンダラを描く時は、その前に実際に海に行ってもいいし、または海の写真を見ながらでも結構ですから、例えば次のような感謝の言葉を唱えてみてください。声に出しても、心の中でもかまいません。

「海さん、あなたの存在に心より感謝申し上げます。この地球上のすべての生き物はあなたより生まれました。あなたの波の音は私たちを安らかな気持ちにさせてくれます。地球を潤し、海の生き物を育ててくださるその限りなき恩恵に人類を代表して心より感謝申し上げます。」

マンダラを描き始める前にこのような言葉を唱えていただきたいのです。唱えることにより、あなたがこれから描き綴る言葉に、より意識が集中してゆきます。さらにその言葉は、あなたと海の繋がりをも深めます。

他の自然界のもの（植物、動物、鉱物、空気、雨等々）への感謝のマンダラを描く時も同じように唱えてください。

どんな色のペンを使ってもいいのでしょうか。

あなたが好きな色をお選びください。好きな色を選ぶということは自己表現なのです。一色でもいいし、カラフルに何色も使って描いてもいいのです。絵柄やパターンを取り入れてもかまいません。自由に心のおもむくままに表現してください。

他に何かヒントになるようなことはありませんか。

無理のない範囲で結構ですが、少しずつ息を止めながらお描きになることをお勧めします。例えば「有難う」と描く時には、描く前に息を吸い、止めてその間に「有難う」と描きます。描き終わったら息を吐きます。もしもう少し余裕があるなら、息を止めたまま次の言葉も描いてください。でも決して無理はなさらないでください。

描いている時、息を止めるのはなぜですか。

地球世界感謝のマンダラを描いている時は、同時に私たちは目には見えない波動の世界に同じものを刻印しているのです。だから息を止めて描くとその世界により深く、より鮮明に刻印することになります。そう、胸のレントゲンを撮る時と同じ理屈です。息を止めるときれいな画像が撮れますね。同じ原理で、マンダラに感謝の言葉を綴る時、息を止めると効果が高まるのです。

もう一つ質問ですが、同時に複数のマンダラを描いてもいいのですか。

もちろんです。マンダラ用紙をファイルやノートに入れて持ち運び、ちょっと時間が空いたら描き込む、というようにしてもいいのです。いろいろなマンダラを同時に描き進めてもいいですし、一つ一つ順番に完成させていってもいいのです。

マンダラを描き終えたらどうすればいいのでしょうか。

描き上げたマンダラに日付と氏名を書き込んでください。それから何のマンダラかというタイトルもです。

すべてが完成したら額に入れて壁に掛けてもいいですし、大切に保管していただいてもいいでしょう。いずれにしてもあなたの描いたマンダラは貴重な宝物となり、大切に取り扱われることになるでしょう。

出来上がったマンダラの見栄《みばえ》など関係ありません。また少々の失敗の痕などどうでもいいのです。描き上がったマンダラはそれ自体が生命を持ち、素晴らしい調和の波動を発します。だから貴重なものとして大切に取り扱ってください。

マンダラはただの字を綴った紙ではありません。いつか必ず自分の描いたマンダラの本当の価値を知る日が来ます。その時あなたは今よりずっとずっと深く自分の描いたマンダラに感謝を捧げるでしょう。どうかその日まで描き上げたマンダラを大切に保管しておいてください。

ちょっと心に留めておいていただきたいのは、マンダラを急いで描き上げる必要はないということです。マンダラは穏やかで幸せな気持ちで描くものです。焦って描き上げるものではないのです。

地球世界感謝のマンダラを描くことがどんなに素晴らしいことなのか、もう少し詳しくお話ししていただけませんでしょうか。

現在、動物や植物、大地や空気などの自然が虐げられ、破壊されつづけていることに憤りを感じる人々が大勢います。そして、それに対してなす術《すべ》もなく見守ることに苛立ちすら覚えています。

そんな人たちにぜひ知ってもらいたいことがあります。私たちが語る言葉や、発する思い、そして感情にはエネルギーがあるということです。そのエネルギーは自然界に振り撒かれ影響を与えます。

ですから、自然破壊に対して憤るということは、実は自然を守ることにはならないのです。人類の所業に罪の意識を覚えることも世のためにはなりません。口角泡を飛ばして相手を罵ることも、何の解決ももたらさないでしょう。本当にこの自然界を救うことが出来るのは、愛と感謝に満たされた言葉や行為によって生まれるポジティブなエネルギーだけなのです。

私は出来るだけ多くの方に、地球世界に愛と感謝の波動を送るこれらの方法を体験していただきたいと願っています。そしてそれを通して自らの人生も変わってゆくという素晴らしい事実を知っていただけたらと思っています。またそれが人から人へと伝わってゆき、この素晴らしいエネルギーが地上を覆い尽くすことを心から願っています。

第6章 自他一体感を培う

これまでのお話を聞いて、自然との一体感を深めたいと思う人も多いと思います。
そんな人たちに何か助言をしていただけませんか。

私たちの魂はその奥で、本質的にこの自他一体感というものをすでに知っていま
す。私たちは、この宇宙のすべてのものは本来一つなのだ、ということを知ってい
るのです。ただ、表面の意識だけがそのことを忘れ、自然界と自分を隔ててしまう
思いの習慣を身に付けてしまいました。しかし、たとえそうだとしても、この宇宙
のすべてのものと本来は一つなのだという感覚は、間違いなく私たちの中に存在し

ます。その感覚にいつも意識を向けるよう努力してください。

具体的にはどのような努力をしたらいいのですか。

先ほども述べましたが、言葉の力を使うことをお勧めします。言葉は物を創り出す根源的な力を持っています。言葉によって自らを高め上げ、私たちの奥に潜んでいる宇宙根源の響きに意識を合わせてゆくのです。この方法は、本来私たちが自然界のものと生命を一つにしているという遠い記憶を蘇らせる一番の方法なのです。

そのためにはどんな言葉を使ったらいいのでしょう。

やはり感謝の言葉がいいですね。感謝の言葉は私たちを自然界の響きに回帰させてくれます。大地の上を歩いている時には、「愛する大地さんありがとう」と、また山に登る時には、「気高い山さん、ありがとう」などと思ったり言葉に出したりするのです。そういう具合にいろいろなものに自分で考えた感謝の言葉をかけてみてください。「私は大地と一つです」とか「山さんあなたと一体です」とか……あるいはもっと短く「神々しい山よ」「美しい山よ」「気高い山よ」とかそんな言葉でもいいのです。

それは実際山を見て言ったほうが効果的なのですか。それとも関係なしに言ってもいいのですか。

いつどこで言ってもいいのです。また、やはり感謝の言葉を綴ってマンダラを描くことがいいと思います。それは凄い力を発揮します。山と一つになりたいと願うなら、山への感謝の気持ちを表わす言葉を描き綴ったマンダラを仕上げるといいでしょう。

マンダラに描かれた感謝の言葉が山に届くのですね。

そうです。

ではこんど、実際に登山するとしましょう。その人が山への感謝を表現する習慣をまだよく身に付けていない場合、気持ちが分散して、感謝の言葉や思いに意識を集中しつづけるのは難しいのではないかと思いますが。

そんな場合は呼吸と一緒に感謝する方法を試してみるといいでしょう。例えば、

「気高い山さん、ありがとうございます」という言葉を心で反芻《はんすう》するとします。まず、息を吸いながら「気高い山さん」と心で唱えます。次に息を吐きながら「ありがとうございます」と唱えます。吸う息ごと、吐く息ごと、そうやって心で唱えながら登ると、集中力を維持できるでしょう。違う言葉で試してみると、息を吸いながら「私は一つ」吐きながら「山と一つ」というのも出来ますね。「尊敬」「一体」「感謝」などいろんな組み合わせが出来ます。自分で素晴らしい言葉を考えてみてください。

今、呼吸と合わせる方法をお勧めしましたが、山に登る時、一歩一歩の歩調と合わせてやってみても効果は絶大です。

よく分かりました。ただ、中には意識が集中できないというよりも、もっと違った心の状態になる人もいます。登山中に否定的な想いが出てきて、「もう嫌だ」とか「苦しい」とか「何て辛いんだろう」とかそんな感覚に襲われてしまったらどうしたらいいでしょう。

そんな時は、『消えてゆく姿の行《ぎょう》』をすればいいでしょう。

『消えてゆく姿の行』とはどのようなものですか。

私たち人間が本来生まれ持っていた自然界との一体感を失った時から、私たちの中に恐れや自己限定といった否定的想念が生まれました。この否定的想念は、通常は私たちの潜在意識の中に蓄えられています。しかし私たちの心の奥の本心は、それをいつまでも潜在意識の中にためておこうとせず、何とかしてそれを潜在意識の外に押し出そうとします。

この本心の働きによって、否定的想念は自動的に折に触れて意識の表面に押し出されてきます。そして出てきた否定的想念は消滅してゆくのですが、それを積極的に「今消えた。世界人類が平和でありますように」としっかり心で認識することによって、よりスムーズに否定的想念は消滅してゆきます。そうすれば、その否定的想念を再び自分の潜在意識の中に引き戻さずに済むのです。これが『消えてゆく姿の行』と呼ばれるやり方です。

その時に「世界人類が平和でありますように」という言葉を付け加えるのはなぜですか。

「消えた」と認識した後の意識がとても重要だからです。否定的想念が消えた後の空白に良い思いを入れることによって意識が高まるのです。

「今消えた。世界人類が平和でありますように」という組み合わせだけではなく、「本当に消えた。これからすべてがよくなる」というような表現をしてもいいし、他の表現をとってもかまいません。ただ二つの要素を満たしていればいいのです。『消えた』ということと『よい想い』ですね。

この『消えてゆく姿の行』は登山だけでなく、ほかの状況でも使えるわけですね。

もちろんです。この『消えてゆく姿の行』は私たちの日常生活で一番必要な実践法なのです。人生というのはまさしく山登りそのものだとは思いませんか。私たちは日々一歩一歩、意識を向上させてゆく存在なのです。途中に恐れや、怒り、憤り、不甲斐なさなどといったさまざまな困難が待ち受けているかもしれません。しかし、『消えてゆく姿の行』があれば、難なくそれらを超えてゆくことが出来ます。これは本当に凄い実践法なのです。

先ほど、意識を高めるために自然界への感謝のマンダラを描くことをお勧めになりましたが、地球世界への感謝の言葉の語りかけやこの『消えてゆく姿の行』をそれぞれ並行して行なってもいいわけですね。

ぜひそうしてください。これらの方法はお互いが補足し合い大きな力となります。どれをやるかは時や場所次第ですね。『消えてゆく姿の行』や感謝の言葉の語りかけは、紙もペンも要りませんから便利ですが……。

どうぞ自他の一体感を高めるような、感謝や尊敬に満ちた明るい言葉を、地球を癒し、そして自分を癒すために語りつづけていってください。

大変貴重なお話を伺い、心から感謝申し上げます。

どういたしまして。こちらこそ有難うございました。

PART 2

地球世界への感謝の言葉

地球世界への感謝の言葉について

地球世界への感謝の言葉は、私たちの心や体を自然界と一つに繋《つな》ぐ素晴らしい方法です。日常生活の中で、あるいは大自然の中で、また、心の中で唱えても、声に出して唱えても、一人であるいは大勢で一緒に唱えてもいいのです。

感謝の言葉は、折々、心に浮かぶ自由なものでいいのです。心からの言葉であれば短いフレーズでかまいません。

道を歩く時、「大好きな大地さんありがとう」と思ったり、朝の空気を吸う時、「ああ、美味《おい》しい空気さんありがとう」と思ったり、水を飲む時に、「愛《いと》しい水さんありがとう」と思うだけでもいいのです。

瞬々刻々、私たちの周りの世界や、私たち自身の肉体の細胞に感謝の波動を送る習慣を身に付けることが出来たらどんなに素晴らしいことでしょう。

次に挙げる感謝の言葉の数々は、なかなか適当な言葉が浮かんでこない時に参考にしていただけるサンプルです。大地や海、山……などと一体感を感じながら語りかけてみてください。

大地への感謝

生命《いのち》のふるさとの大地
生命を育《はぐく》む大地
かけがえのない大地
大地さん　ありがとうございます
私は人類を代表して
大いなる大地に
心から感謝申し上げます
大地さん　ありがとうございます

EARTH

OCEAN

海への感謝

深い海
広い海
果てしない海
海さん　ありがとうございます
私は人類を代表して
すべてを育む海に
心から感謝申し上げます
海さん　ありがとうございます

MOUNTAINS

山への感謝

気高い山々
神々しい山々
霊なる山々
山さん　ありがとうございます
私は人類を代表して
尊き山々に
心から感謝申し上げます
山さん　ありがとうございます

食べ物への感謝

大切な食べ物
貴重な食べ物
いのちを支えてくれる食べ物
食べ物さん　ありがとうございます
私は人類を代表して
私たちを生かしてくださる食べ物に
心から感謝申し上げます
食べ物さん　ありがとうございます

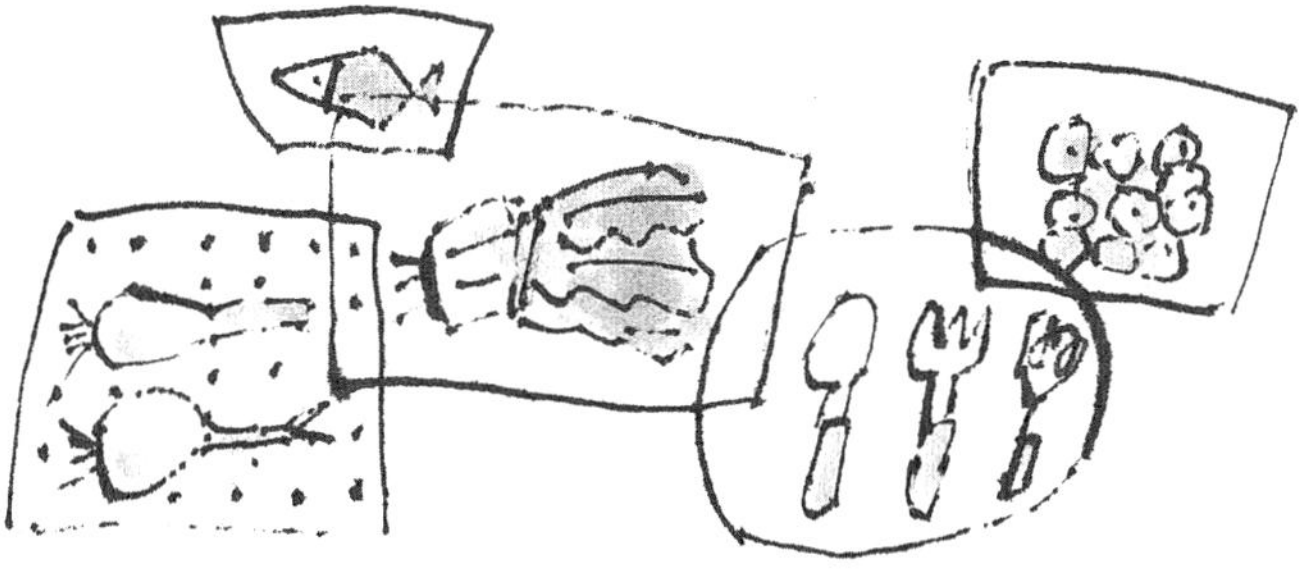

FOOD

WATER

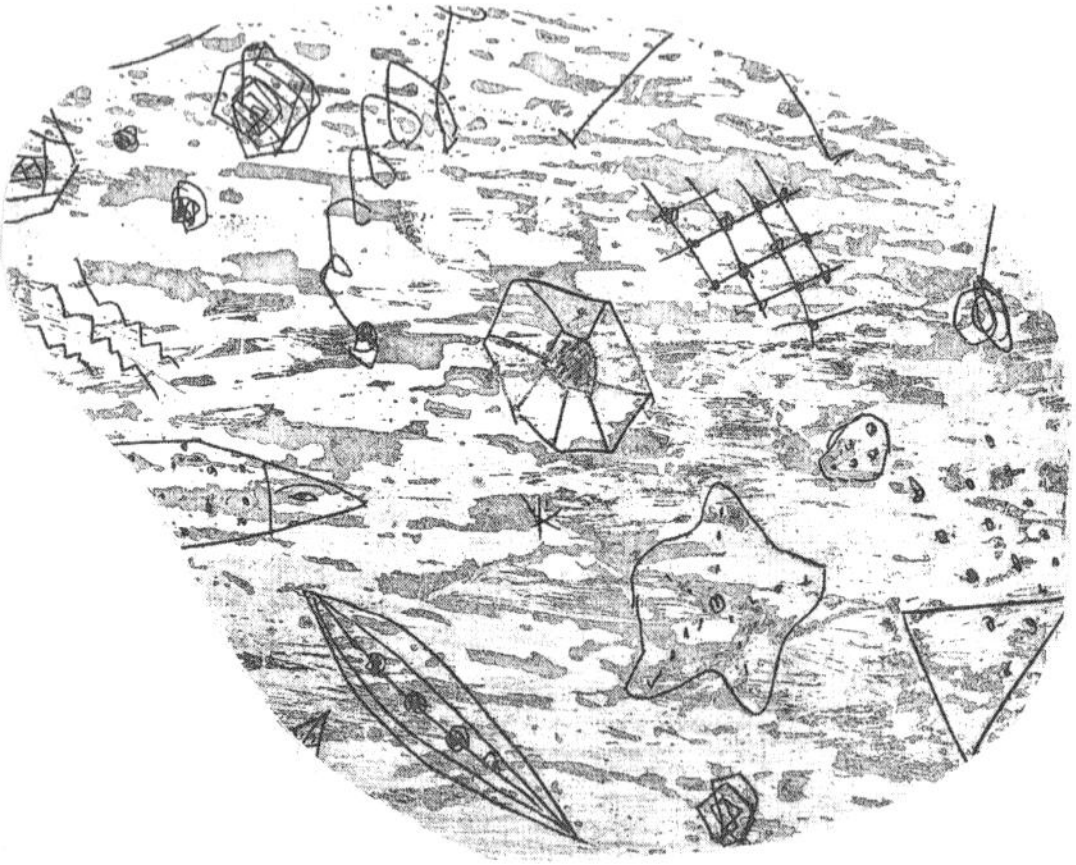

水への感謝

澄み切った水
清らかな水
溢れる水
生命の源のお水さん
ありがとうございます
私は人類を代表して
水の恩恵に
心から感謝申し上げます
お水さん　ありがとうございます

動物への感謝

無邪気な動物
愛深い動物
人に尽くしてくれる動物
愛しい動物さんたち
ありがとうございます
私は人類を代表して
すべての動物に
心から感謝申し上げます
動物さん　ありがとうございます

ANIMALS

植物への感謝

咲き誇る花々
生茂《おいしげ》る緑
生命を支えてくれる植物
すべての植物さん
ありがとうございます
私は人類を代表して
かけがえのない植物に
心から感謝申し上げます
植物さん　ありがとうございます

PLANTS

PART 3

マンダラの作成方法

ここでいうマンダラは、43頁以降で述べた地球世界感謝マンダラのことです。このマンダラがどのようなものであり、なぜ描くことが素晴らしいのかは、先の質疑応答をご参照ください。

では、改めて地球世界感謝マンダラの描き方をご説明します。このマンダラは、いつ、どなたでも、お描きになれます。どうぞご自分でもマンダラを描いてみてください。

マンダラの作成方法

1　マンダラの作成を始めるにあたっては、まず用紙に同心円のフォームを作っておく必要があります。85~89頁にマンダラ用フォームがあります。

また、インターネット（http://Earthhealershandbook.net）からプリントアウトすることも出来ます。このホームページは現在、英語版ですので次のとおりの操作が必要です。

まず、はじめの画面の中央をクリックして、次に左のMandala Workbookと書かれたところをクリックします。そして現われた画面の一番下までスクロールし、7周、14周または21周、42周のマンダラフォームのうちどれかを選びダウンロードして印刷します。（画面表示と印刷にはAcrobat Readerのソフトウェアが必要です）

また、さまざまな大きさと種類のマンダラ用紙が販売されております。用紙の購入を希望される方は、フジ印刷（有）「マンダラ発送係」（Tel 0544-23-3040）までお問い合わせください。

2　筆記用具の種類、色、太さなどすべて自由です。なお、2㎜幅の用紙にお描きになる場合は、極細タイプのペン等をお使いになることをお勧めします。

3　文字は漢字、ひらがな、ローマ字、英語などのような文字や言語をお使いになってもかまいません。また、それらを組み合わせてもかまいません。

＊一つの感謝の言葉をくり返し描きつづけても、途中でさまざまな感謝の言葉に変えてもかまいません。

（例：空気さんありがとう　我々は水に感謝いたします　動物さんに感謝　等々）

4　さて、描く前に円の中心点から円の上部（用紙の天地を決めておいてください）に直線を引いておきま

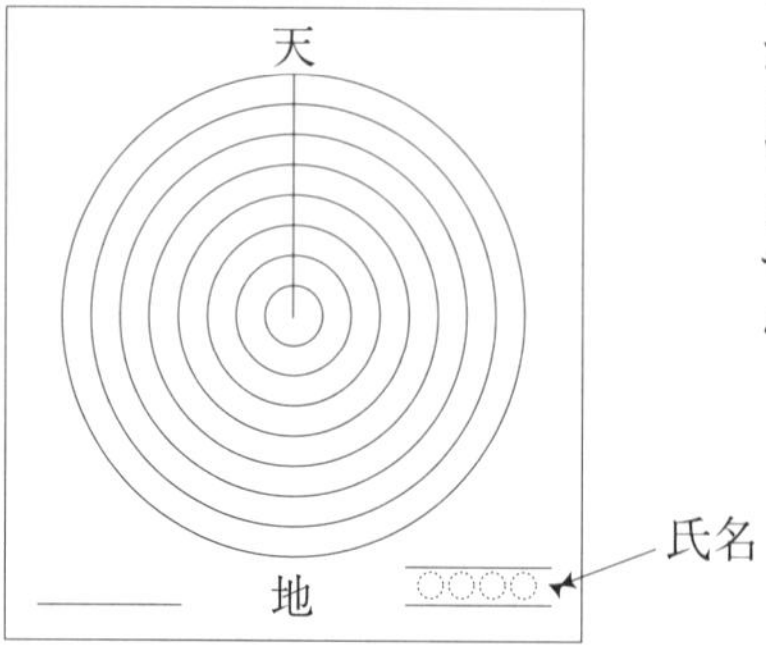

す。すでにこの線が印刷されている場合には不要です。用紙の天地（上、下）を確認し、後で消せるように鉛筆で「天」「地」「氏名」を記入します。

5　描くのはまず、同心円中央の一番小さな円から始めます。最初の一文字は同心円上部に引かれた直線上から描き始めます。

下の例は「大地さんありがとう」と描いてゆく場合です。

必ず、天の位置から時計回りの方向に描き進め、常に文字の底辺が円の中心に向かうように描きます。

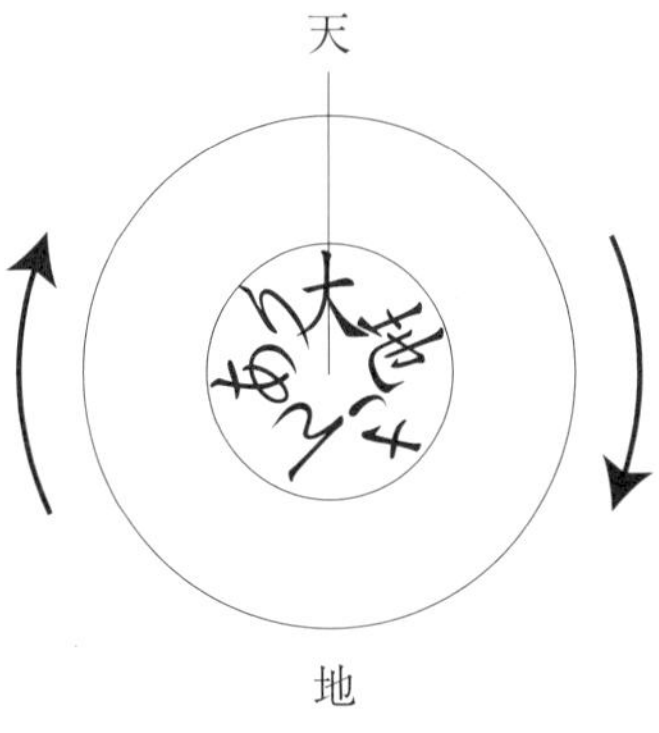

6　用紙を文字の進行方向と逆向きに回しながら描くと、描きやすいです。

7　そして、文字が最初の円をぐるりと一周し、すでに描いてある字のところまできたらその外側の円に移り、やはり直線上から続けてゆきます。例では「大地さんありがとう……」と描こうとして、「あり」までで一周してしまいました。このとき、「が」の文字は次の周の直線上に描き入れます。そして一周目と同様、時計まわりに描き進めてゆきます。途中、句読点はいりません。

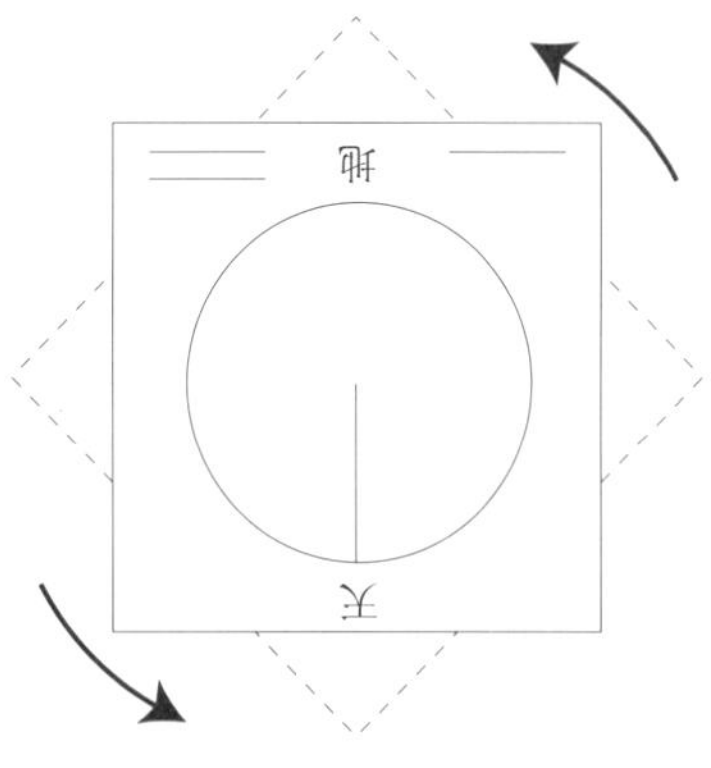

8　文字が円周の最後の一周にきたら、最後がちょうど文の終わりになるようスペースを調整しながら描き終えます。

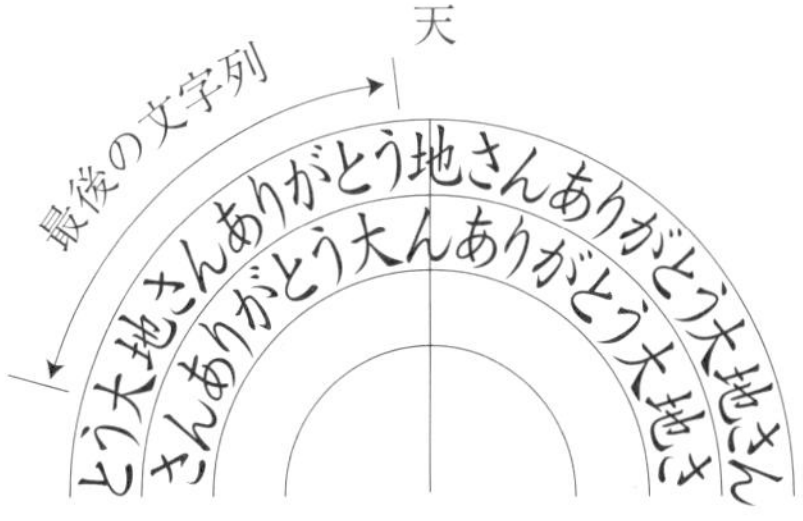

それでは二つほどサンプルをお見せします。
左のマンダラには次のような言葉が描かれています。

愛する海さんありがとう
深い海　広い海
どこまでも続く海　無限なる海
いのちのふるさとの海
果てしない海　心のふるさとの海
人類を代表して感謝申し上げます

＊マンダラには「海への感謝」等のタイトルとご自分の名前、仕上げた年月日を書き入れます。

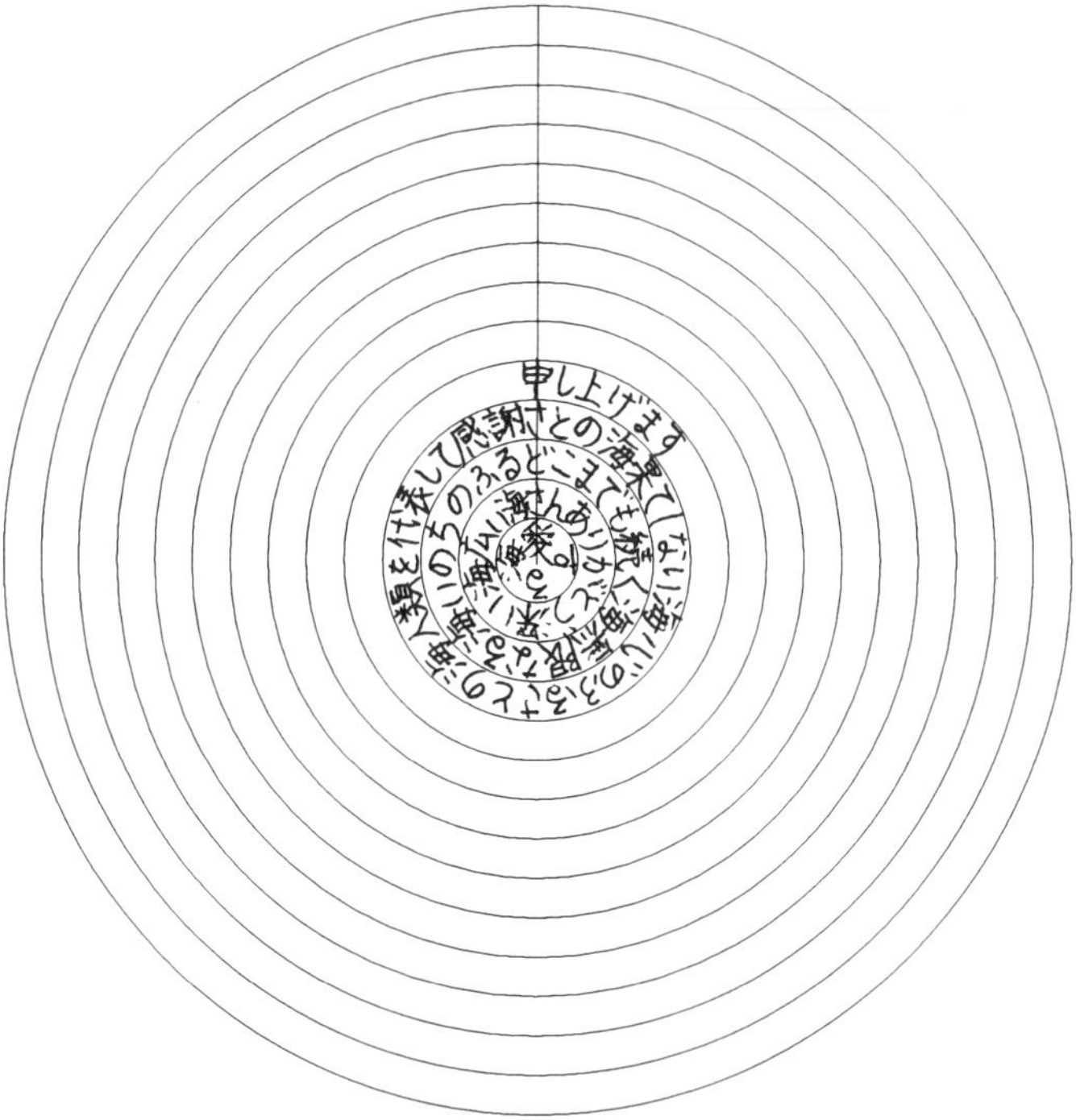

〇〇年〇月〇日

海への感謝

名　前

左のマンダラには次のような言葉が描かれています。

愛する動物さんありがとう
かわいい動物さん　優しい動物さん
無邪気な動物さん　人に尽くしてくれる動物さん
賢い動物さん　いつも耐えている動物さん
強い動物さん　たくましい動物さん
愛らしい動物さん　気品のある動物さん
見事な牛さん　愛らしい豚さん　すてきな山羊さん
優美な犬さん　穏やかな猫さん
人類を代表して感謝申し上げます

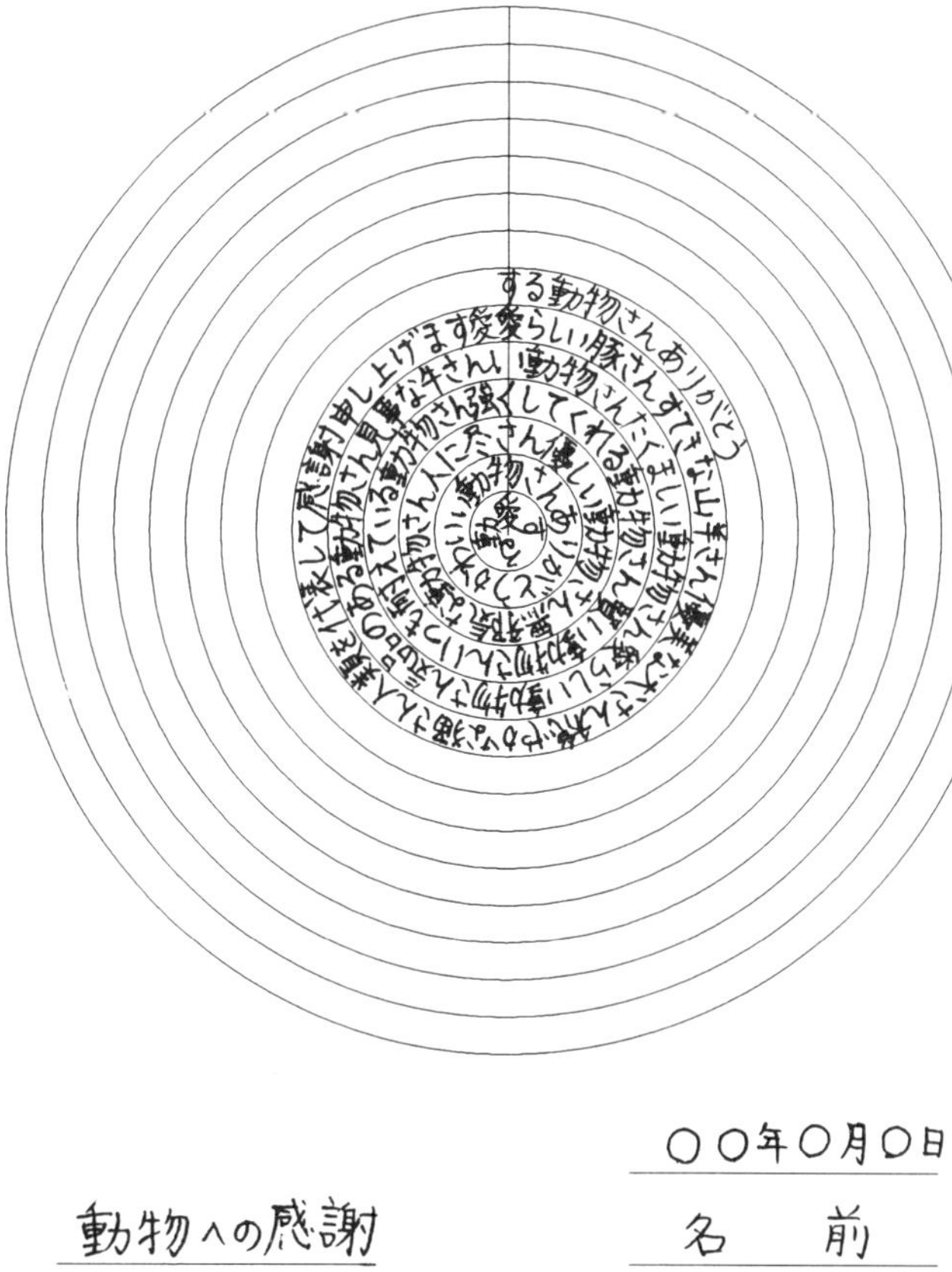
〇〇年〇月〇日
動物への感謝
名前

あなたもマンダラを描いてみませんか。

左頁から数頁、マンダラ用フォームがありますので、その上に、あるいはコピーをとり、ぜひお描きになってみてください。

かくて地球は蘇る　西園寺昌美
定価1575円（〒310円）　四六判

もうそろそろ私たちは、自己の発する想念と地球との深いかかわりに気づくべきときに来ています。この本では、地球のさまざまな恩恵に対する感謝の念の大切さを説き、言葉による「地球世界感謝行」を提唱します。

人類の未来
—— 物質文明より霊文化へ ——　五井昌久
定価1365円（〒310円）　四六判

科学の発達と人間の未開発な精神とのアンバランスが世界の混乱を引き起こし、今日、地球滅亡説まで真面目に説かれるようになっています。人類の未来はどうなるのでしょうか？　本書は一条の光明を投げかけます。

宇宙から届いたマニュアル　瀬木庸介
定価1365円（〒310円）　四六判

人類の誰もが容易に実行できて、練習を積めば上達し、真理開眼の悟りに至ること請け合いの、確実なマニュアルが収められています。

地球よ　有難う　高橋英雄
定価1260円（〒310円）　四六判

人間だけに心が、いのちがあるのではない。生きとし生けるものへの感謝の心が蘇る、感動の詩49編を収めた詩集です。

幸せの扉を開こう　西園寺昌美

定価1223円（〒310円）　四六判

人間は誰しも内に素晴らしい力を秘めています。しかし、その力を発揮するためには真理に目覚めなくてはなりません。本書を読むと、生きる勇気と喜びが湧き上がり、明るい輝かしい人生が開けてきます。

質問ありませんか？／質問ありませんか？2　五井昌久

定価1365円／（2はCD付きで、定価1575円）（共に〒310円）　B6判

人生のこと、人間のこと、霊のこと、神様のこと、などについて、質問ありませんか？　五井先生がやさしくお答えします。

宇宙人と地球の未来　村田正雄

定価1260円（〒310円）　Ｂ６判

金星世界に足を踏み入れた著者の前に、地球人類の想像を超えた理想社会が次々と展開される……。本書は地球人類に意識変革を迫ります。

●購入方法のご案内●

◎白光出版の本を購入ご希望の方は、お近くの書店にてご注文ください。

◎小社へ直接ご注文くださる場合は、ご希望の本の定価に送料を加えた合計金額を郵便振替にてお振込ください。〒送料は、１冊についての表示です。２冊以上ご希望の場合は、白光出版にお問い合わせください。

◎郵便振替用紙（払込取扱票）には、ご希望の書籍名と冊数、およびご住所、お名前、お電話番号をお書き添えください。振替口座番号は00120-6-151348、加入者名は　白光真宏会出版本部です。

◎現金書留をご利用の方は、下記の静岡県の住所宛てにお願いいたします。

白光真宏会出版本部（白光出版）

〒418-0102 静岡県富士宮市人穴812-1　☎0544（29）5109　FAX0544（29）5122
e-mail : j-info@byakkopress.ne.jp　URL : http://www.byakkopress.ne.jp

書店様のお問い合わせはこちらまで

東京出張所　〒101-0064 東京都千代田区猿楽町2-1-16 下平ビル401
☎03（5283）5798　FAX 03（5283）5799

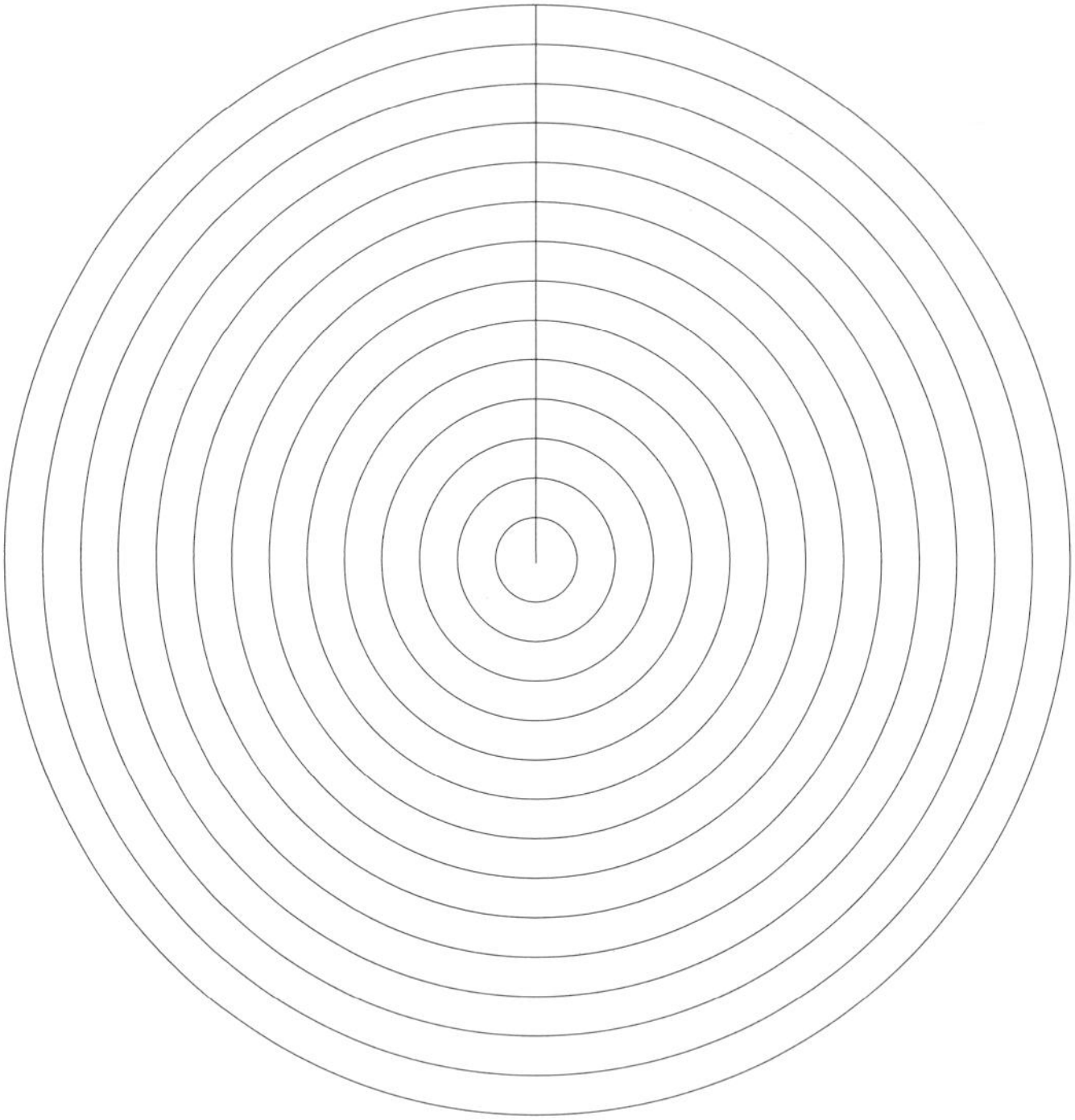

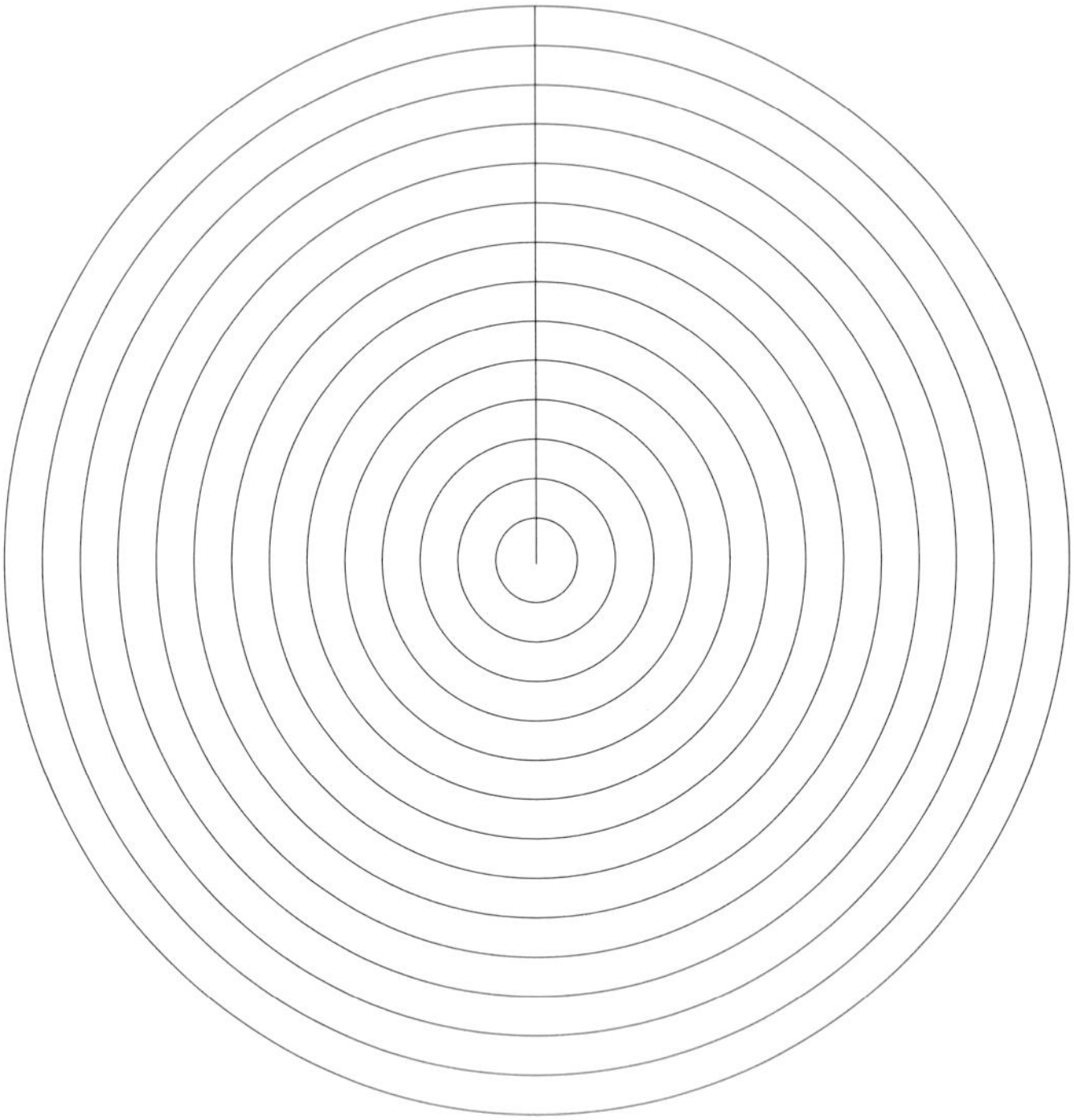

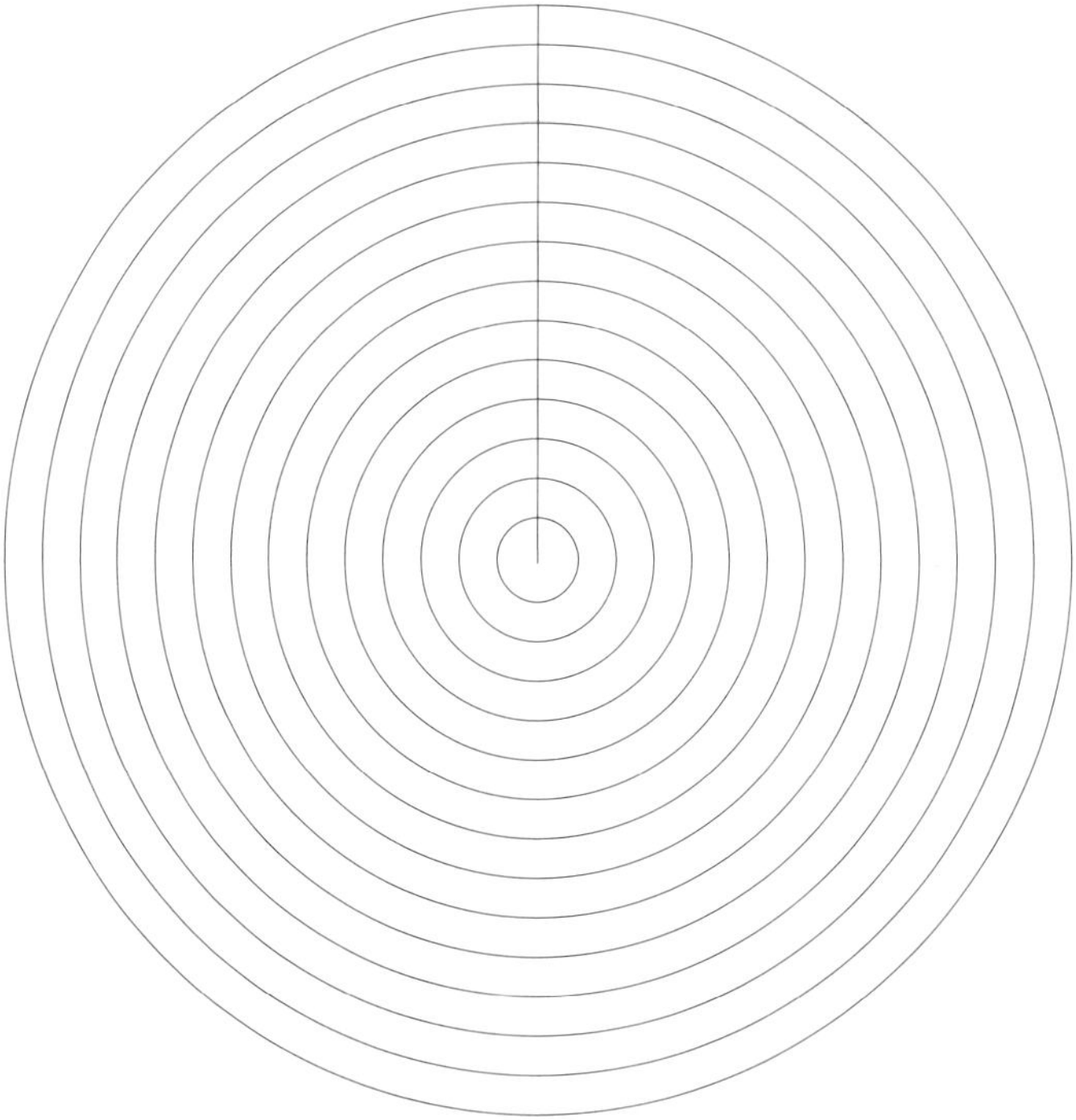

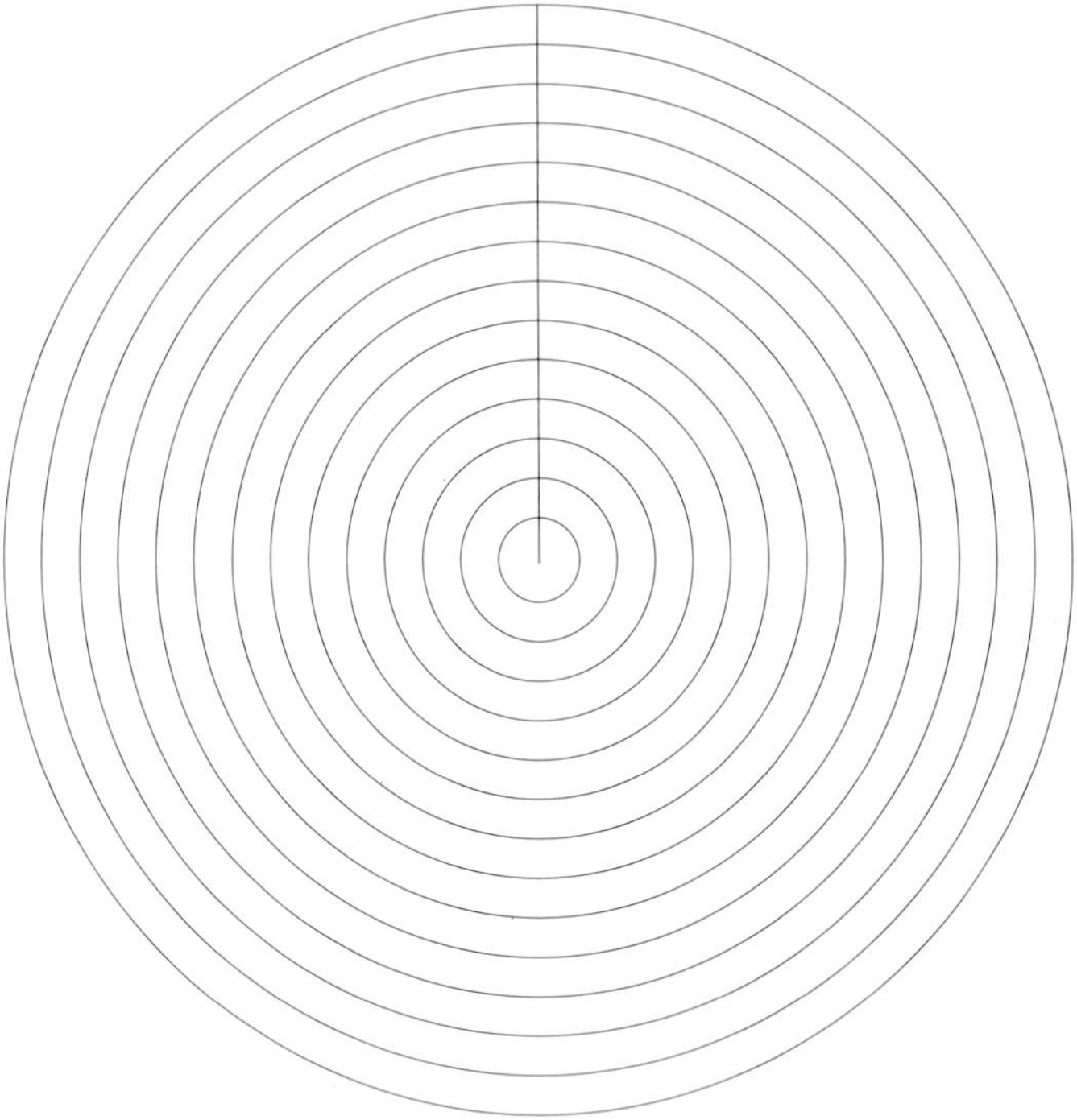

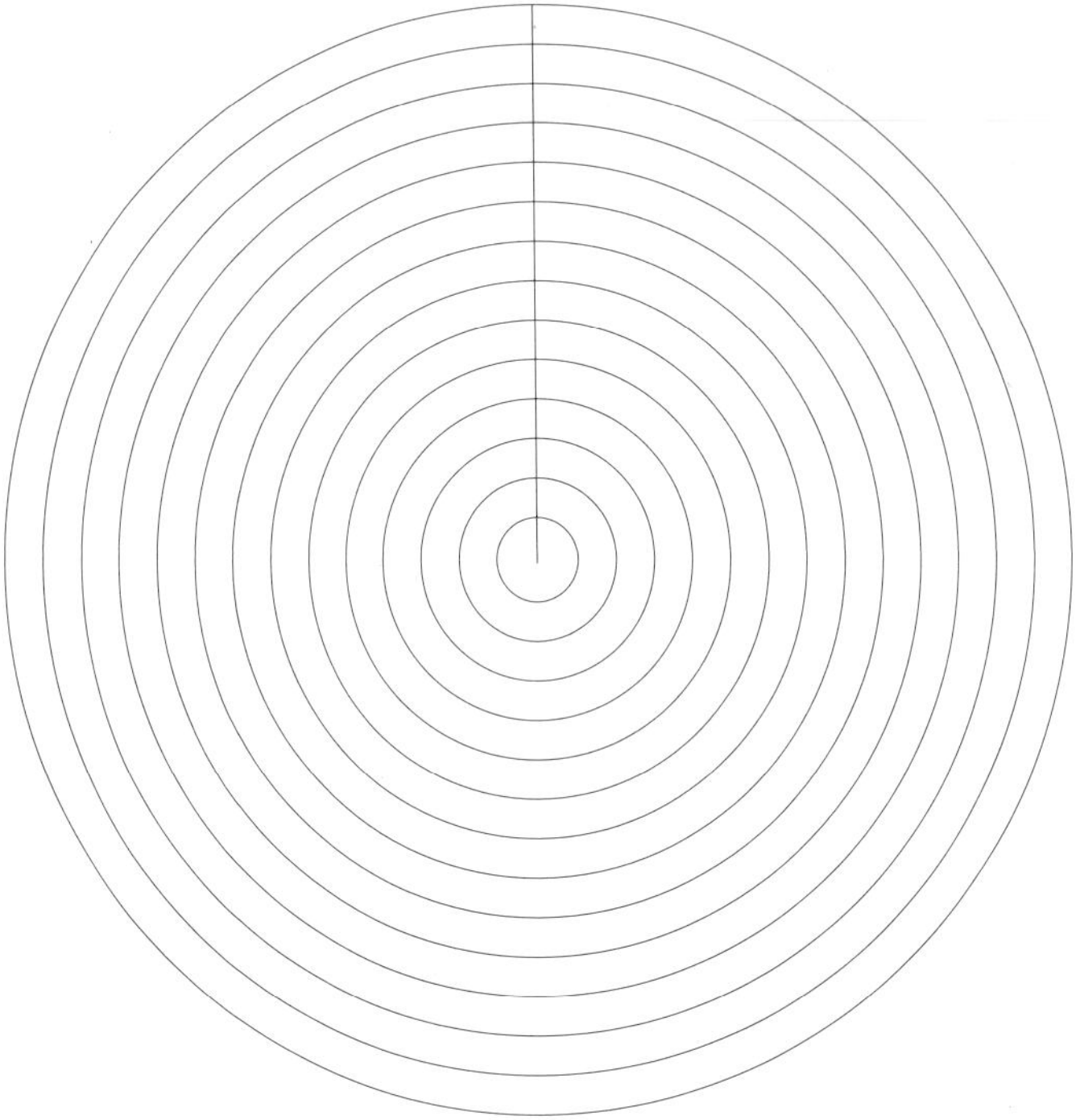

PART 4

生きとし生けるものとの交流

エッセイ

一・浄化――草花との対話

私の心が自然に澄みわたり浄化されるのは、あなたのハッとするような美しさ、キュンとするような愛らしさに触れ、一瞬、我を忘れて思わず涙がこぼれ落ちそうになる時です。また、あなたがどんなに汚れた場所であろうとも、どんなに薄暗い隅っこであろうとも、誰が見ていようといまいと、そんなことには一切おかまいなく、健気に無心に地上に咲き誇り、美しい神秘なる生命を見せてくれる時です。そんな時、私はあなたの無私なる一条の光に浄化されるのです。

かつまた、いかなる極寒の中にあっても、その長い寒さに耐え抜こうとする姿や、いかなる酷暑の中であっても、キラキラと輝きを失わず、ひたすら地上を彩る尊い姿を見た時に……。

私はあなたの生き方によって自分を見つめさせられ、あなたによって自分を慰められ、あなたによって自分が励まされるのです。

あなたがこの世の短い一生を終え、地上に舞い散った時、私は光に透けたあなたの花びらの一枚一枚をおしいただいて、手のひらにそっと乗せ、あなたの心の中に想いを馳せました。そのとき私は、あなたに刻みつけられた神の永遠なる生命の証《あかし》を見たのです。

あなたはこれから土に還り、時至ればまた再び美しい生命の花を咲かせます。あなたはただただ黙々と無心に時の流れに身を任せ、流転する大自然の中で、輝かしい未来に向かって飛翔しつづけてゆきます。それを感じた時、私はあなたによって浄化されるのです。そして私はあなたによって教えられるのです。〝常に尊く清く美しく生きよ……〟と。

だがしかし、あなたの美しい生命を無残に引きちぎり、踏みつける人間も、中にはいるのです。そんな人たちにも、あなたはじっと耐え忍び、優しい愛のみを送りつづけてくれています。彼らはきっと不安や恐怖で心がいっぱいになり、神の心をほんの少し忘れてしまったのでしょう。どうぞ赦してあげてください。

あなたは、一瞬の生命、はかない生命、短い生命であるけれど、その生命の存在はどれほど重く、どれほど価値があるでしょうか。私はあなた無くしては生きてはゆけないのです。

毎朝、あなたのその透き通るほどの澄み清まった目で見つめられると、なぜか恥じらいとためらいが私の心をよぎるのです。〝わたしのように聖く高く無心に生きていますか〟と問われているようで……。あなたの生命は、風のように、雲のように、水のようにどこまでもとどまることなく、神のみ心のまま常にサラサラと流れています。私たちは我欲と執着におぼれ、本来あるがままの自分を見失い、常に自分の中で葛藤しつづけている哀れな人間です。

私はあなたのような楚々とした可憐な草花が大好きです。あなたをじっと見つめると、涙がこぼれそう……。そしていつも思うのです。あなたと共に生きたい。あなたの中で一つになりたい。そしてあなたのように生きたいのです。

あなたの神秘に触れると、私は浄化されるのです。そして尊く気高く崇高な神人《しんじん》として目覚めてゆくのです。私はあなたによって今まで忘れてしまっていた、どこかにそっと置きっ放しにしていた優しさが、思いやりが、労りがよみがえってくるのです。あなたは天空からやってきて天空に還ってゆく。私は神界からやってきて、神界へと還ってゆく。双方にとって、この世は、美の、聖の、神秘の極限に至るまでの道程です。

私はあなたの優しさで心が癒されるのが判るのです。私はあなたの生き方を通して真理に目覚めてゆくのです。本当に草花さんありがとう。あなたの生命は私の中で永遠に生き、私の生命もまた、あなたの中で永遠に生きつづけてゆくのです。そうすることによって、私は浄化されるのです。
草花さんに無限なる感謝を捧げます。

二・神聖――水との交流

この地上にあるものはすべて、私たちにとって神聖なるものです。汚れたものなど一切ありません。私たちは自然に取り巻かれ、自然の中で生かされています。だが、自然は時折、何の予告もせずに私たちを嵐の乱舞の中へと連れ出します。それは、神聖なるものに対して、私たちの接し方が誤っているからです。

川を流れるまぶしい水、果てしなく広がる海のきらめき。これらの水はただの水ではありません。私たちに生命力を吹き込み、生命を支えてくれる神聖なる水なのです。宇宙の意志なのです。私たちはそれが判らず、水を汚し、水を粗末に扱っています。

私は水の生命、水の精霊、水の息吹にどれほどの恩恵を感じていることでしょう。

一杯の神聖なる水のエネルギーを通して私たちの生命はよみがえります。一日、一日、聖なる水によって私たちの肉体は、神の姿を顕現してゆきます。私たちは聖なる水の尊さを身にしみて感じなければなりません。聖なる水は宇宙から届いた私たちへの贈り物。天の糧が地にもたらされたもの。私たちは感謝と喜びの中で、この神の贈り物を頂かなければならないのです。

私が手を動かす時は、私の中の聖なる水の生命がその働きの一端を担ってくれています。水よ、ありがとう。私が快い時は、聖なる水が私の全身を流れ、疲れ澱《よど》んだところを癒し、洗い浄めてくれています。水よ、ありがとう。私の中の聖なる水は、いつも黙って私の肉体を力づけ、励まし、健康へと導いてくれます。水よ、本当にありがとう。聖なる水は、私の生命そのものです。

私はもう何十年も前から水を大事に大事に使ってきました。私が死ぬ頃までにはきっと小さな聖なる湖が一つ出来ることでしょう。水に感謝しつづける人たちは、水の精霊たちによって、いつまでも見守られ、導かれ、一生、神聖なる水に不自由しません。そして健康へと導かれてゆきます。

私が大地を踏む足に聖なる水を感じる時、その傍らには、常に花が咲き乱れるのを見ます。自らの吐く息に神聖なる霧を見ます。水の形はさまざまなれど、いかなるものの中にも聖なる水は存在します。

聖なる水は天より地に降り、蛇の如くうねり、大海へと流れ着きます。その過程で、生きとし生けるものすべて一切の生命に神聖なる息吹を与え給うのです。時には、滝にさしかかり、高く険しい断崖を勢いよく、宝珠のしぶきを放ちつつ、奈落の底へと落ちてゆきます。また草原を流れる時は、ゆったりと静かで平安です。

人生も水の流れに似ています。人間は天より来り、天に帰り、かくて再び地に天降ります。幾千、幾万の転生を繰り返し、神聖なる肉体は神聖なる水と共に歴史を刻んできました。宇宙神は宇宙の法則のままに神人と神水をこの地上にもたらしました。人類が一人残らず神人に目覚めた時こそ、水も本来の神水がこの地上に満々と満たされ、いかなる汚れや毒、そして病を癒すほどの神力を発揮することでありましょう。

水は本来、神癒そのものの働きを担っています。水には、すべてのものを洗い浄め、明らかにする神秘なる力が宿っています。かつまた水は、善人にも悪人にも行き渡り、荒れ地にも豊かな土地にも、きらきらと輝いて存在します。

水はただただ大いなる法則に従い、私たちの存在すべてに永遠に黙って自らの神聖を与えつづけています。私たちが常に一杯の聖なる水に感謝し、水の本来の働きを理解するならば、私たちの肉体はたちどころに癒されるのです。

私は毎朝、一杯の聖なる水を恐れおののく気持ちで押しいただき、そして心より無限なる感謝を込めて、その聖なる水を飲み干します。今日もまた、この聖なる水一杯を通して地上の生きとし生けるものすべて一切の生命がよみがえることを祈りつつ……。神聖の証、創造の証である聖なる水に愛を込めて、人類を代表して感謝を捧げるのです。

三. 神域——大地との交流

アメリカもヨーロッパもアジアも中東もアフリカも、戦場も荒れ果てた町も貧しい村も、病院も教会も祈りの場も、そして森も山も川も岩もみな一切、同じ空の下にあり、同じ大地の上にあり、同じ地球上に存在している神域なのであります。

同じ空の下、同じ大地の上には、本来、何の差別も、何の変化もあるはずはないのです。陽光はあまねく地上に降り注ぎ、天地の運行が乱れることはありません。だがしかし、そこに住みつく人々によって、すべてが一変します。森も山も川も海も水も空気も一変します。在るがままの大自然の営みを人類が一変させてしまうのであります。神域を汚してしまうのであります。

同じ空の下、同じ大地の上を、何故、国家や民族や個人が境界線を引いて区切らねばならないのでしょうか。何故、すべての人間が自分の一番好んだ大地の上に住むことが出来ないのでしょうか。人類一人一人が限られた小さな土地を所有し、自分の土地と称して何になりましょう。本来、神域は誰のものでもないのです。

大地には数え切れないほどの昆虫や細菌が生息していることに気づいているのでしょうか。今、私たちが佇む大地には、どれだけ多くの生命が潜んでいることか。そんなことを考えたことがあるのでしょうか。私たちの所有している大地は本来、生きとし生けるものすべてのものです。決して人間だけのものではないはずです。その重さを知っているのでしょうか。

大地にも生命があります。大地にも意志があります。大地も呼吸をしつづけています。人類が余りにも地球を傷めつけ、大地を汚し、傍若無人に振る舞うなら、大地も自らを浄化せざるを得ないでしょう。地震、噴火、洪水こそ、大地の意志です。

日本、中国、アフリカ、どこに住んでいても土地そのものは、自分のものではありません。天のものです。神域です。たかが百年、自分が所有したとして、何になりましょう。大地は人類を支えるために何万年何億年と生きつづけているのです。一人一人の尊い生命を育むために、そして生きとし生けるものの生命を守るために、大地は今日も黙って私たちをやさしく包み込んでくれています。私たちはどれだけ大地の生命の恩恵に浴してきたか計り知れません。

この大地に感謝を捧げているのは、人類六十億のうち、まだわずかです。だがしかし、地球霊王は知っています。大自然に感謝行をしつづけている神人たちが存在することを。そして彼らが人類を代表して人類の非を詫び、大地に心より感謝していることを知っているのです。実際、大地はそれらの人々によって守られています。そのため、大地はかろうじて怒りを鎮めています。

神域、大地に一度でも耳を当てたことがあるでしょうか。大地の香りに気づいたことがあるでしょうか。大地の輝きに目を奪われたことがあるでしょうか。大地の神秘に心をときめかせたことがあるでしょうか。

あらゆる現われの背後には、生命の躍動、生命の歓喜、生命の神秘が隠されています。大地は宇宙と呼応し、宇宙と共鳴しつつ、宇宙の法則のままに私たち人類の魂を向上させてくれています。私たちの天命の達成を促し、導き、支えてくれているのです。

私たちが心を開いて、しばし大自然の中に立ち、神域でもあるところの母なる大地に触れ、大地と一つになり、大地と全く調和できたならば、その時は、自分の全生涯をかけて積んだ徳に匹敵するほどの余りある徳となるのです。

大地よ、本当にありがとう。これからは、人類一人一人が勝手に境界線を引き、自分の国だ、自分の土地だと言い争い、決して誰のものでもない神域、大地を所有するなどという、そんな野蛮な低次元行為に終止符を打つ時が必ず訪れることでしょう。

それまで大地さん、人類の勝手気ままな振る舞い、傍若無人なる行為をどうぞお赦しください。神域であるところの美しい大地、私たちはこの母なる大地を心から敬い、慕い、尊び、ひれ伏すのみです。そして全感謝を捧げるのであります。

四．神秘——輝く太陽

人々は、日頃の疲れ切っている身体や神経の安らぎを求めて、大自然の中に身を運びます。燦々と光り輝く太陽、紺碧の海、果てしなく広がる緑の草原、朝露に光る草花……。

春夏秋冬、大自然の醸し出す色彩の美、風情、幽玄さには、思わず息をのむ思いがします。時折、無声の音があたりに広がります。その沈黙と静けさは、私たちの目を魂の内側へと向かわせます。

このすべての大自然に生命の神秘と息吹きを与えつづけているのが太陽です。太陽は人々の自縄自縛の想いを自然にはいでゆきます。太陽は黙って人々の凍てつく心に暖かい、与えられるだけの愛を降り注ぎます。

太陽は生きとし生けるものにとっての生命の糧。太陽のエネルギーを充分に吸収することによって、私たちの生命は新たによみがえります。そして歓喜と至福に満たされてゆくのであります。

ある日の早朝、さわやかに目が覚めると、カーテンのわずかな隙間から斜めに太陽の光がもれていました。その光に魅せられ、一瞬、交響曲の世界へと誘われていったのです。一筋の光から美しい音が聞こえてきました。

朝の序曲、昇陽、華美、眩惑、残照、暮色……。こうして太陽の光はさまざまな色彩と音を放ち、透明になって消えてゆきました。

部屋全体はまだ目覚め切っていませんでした。私は思わずカーテンをほんの少し引いてみました。なぜなら隣で主人が未だ安らかな寝息をたてていたからです。窓ガラスから射し込む陽の光は、奥の白壁に掲げられていた五井先生[注1]のお写真を照らし出していました。そこに突然、五井先生が在りし日のお姿そのままで現われ、私のほうをじっと見ていらっしゃるように思えました。太陽は先生のお顔に絶妙なる陰影をつけて照射し、まるで太陽の光に乗って五井先生が舞い降りていらしたような感覚におそわれたのです。同一の空間にありながら、そこだけは次元を異にしていました。確かに今の瞬間の私は、五井先生と同じ高次元に在ったのです。

この神秘なる光、太陽は次第に、五井先生以外にも室内に置かれてあるすべての物たちを次から次へと愛撫してゆきました。私の心からすっかり忘れ去られてしまっていた物たちが太陽によって再びよみがえり、その存在を明らかにしてゆきました。太陽こそ万物を平等に育み、慈しみ、すべての闇を照らし出し、輝く希望へと連れ出してくれるのであります。

太陽の光は、万物の生命の源。
太陽の光の粒子は、真珠のきらめきに似ている。

太陽は光の色彩。

太陽の光を遮るものは、この世に一切ない。

その光はすべての中に平等に浸透してゆく。

万物は神秘の光、太陽に照らし出されることを待ちわびている。

万物は神秘の光、太陽に愛撫されんことを恋いこがれている。

万物は神秘の光、太陽に輝かしい未来を託している。

ああ、その神秘に満ちた光り輝く太陽よ。

あなたは、ただただ与えるだけの、施すだけの、癒すだけの一方的な無私なる行為を示してくれている。

太陽はわが生命、わが魂。

時には峻烈に、時には優しく、
時には激しく、時にはいとおしく、

私たちを包み込んでくれる。

そんな太陽に対して、私は全身全霊をもって感謝を捧げるのです。太陽さん、本当にありがとう。

私は太陽さんが大好きです。太陽さんなくして生きてゆくことは出来ません。太陽の恩恵にひたすらどっぷりつかりきっているこの私は幸せです。

神秘なる輝かしき光、太陽……。

五. 宇宙の意志――地球生命体への覚醒

宇宙の意志は、地球に完璧に働きかけています。そして、宇宙からの強い警告が地球人類に届けられています。

地球に今、何が起こっているのでしょうか？　世界中で生じている天変地変、環境汚染、自然破壊……。これからの地球は一体どのようになってゆくのでしょうか？果てしなく広がる真空の宇宙の中で、地球は今まさにさ迷っています。地球の未来は果たしてあるのでしょうか？

地球人類は、地球の三十五億年の生物進化の過程で一体、何をしてきたというのでしょうか。地球人類は、地球の生命そのものの恩恵にどれほど浴してきたか、知っているのでしょうか。地球の生命――水、空気、大地……。地球人類は、これらの生命に対してどれほどの感謝を捧げたのでしょうか。皆無でしょう。逆に、地球の生命そのものを搾りにしぼりとってしまいました。ただただ物質的豊かさや便利さのみを追い求めてきた結果として……。

そのため、地球という生命体は傷つき、病み、痛み、ついには癌化しはじめたのです。その地球生命体の癌化こそ地球人類の癌化に他なりません。そして、地球生命体は人類の癌と共に消滅する運命にあります。

この癌化のもとこそが、自然破壊、環境汚染をもたらした地球人類の否定的感情想念、物質的欲望の塊なのです。

宇宙の意志は、それに対して強い警告を地球人類に発しつづけています。にもかかわらず、地球人類は相も変わらず、自我欲望に振り回され、物質欲に血眼《ちまなこ》になっています。

宇宙の意志はもうこれ以上、黙ってはいられません。地球生命体がこれ以上傷つき、病み、痛むならば、地球生命体の一部分でもある地球人類も共に滅びかねません。

そこで宇宙の意志は、地球生命体が健康を取り戻すために地球の自己治癒力を促しました。その結果起こった種々さまざまな天変地変はすべて地球生命体の復活を意味するものでした。

宇宙の意志は、地球の潰滅など望んでおられません。地球上で起こっている不調和、否定的想念エネルギーによる癌化などの状況をこれ以上、宇宙全体に波及させることを恐れてのことです。宇宙の意志は、地球生命体と共に地球人類を救済することを切に望んでおられるからです。

地球生命体を蘇らせなければ、地球人類も救われはしません。そのために宇宙の意志は、地球人類一人一人に対して真理の目覚めを促されました。地球人類の宇宙への覚醒こそ今、必要なのです。

これ以上、今のような生き方を続けてはなりません。歪められ、倒錯した人類の創造力からは、もうこれ以上、何も輝かしい未来は生まれてはきません。神の無限なる叡智からすでに遠く離れてしまった人類の想像力からもまた、もうこれ以上、何も望むものは生まれてはこないのです。

人類はみな、物質的価値観の虜となり、それに振り回され、毒され、汚れてしまいました。それでもなお未だ懲りずに、その物質的価値観のもとで推し進められる最新のテクノロジーをあらゆる分野に応用し、さらに地球生命体の存続に根底から揺さぶりをかけています。

宇宙の意志は、もう忍耐の限界に達し、地球人類に警告を発しつづけます。

『地球人類よ、一刻も早く真理に目覚めるのだ。いつまでも同じ低次元レベルを繰り返すのではない。いつまでも肉体に執着し、物質に心奪われ、倒錯した甘美な陶酔に浸っているのではない。汝の生命を何と思っているのか。汝一人の生命は地球より重いのだ。尊い存在だ。

地球人類よ、宇宙への覚醒こそ今まさに必要なのだ。目覚めよ。真理に目覚めよ。地球人類は肉体界のみに生きているのではない。同時に霊的、神的次元においても生きているのである。人類は二つの次元に同時に存在しているのだ。そのことをよく知るがよい。この二つの次元のバランスをとって生きることこそ、尊いことなのだ。

地球人類の大半は、肉体次元のみに傾いて生きてしまっているのだ。霊的、神的次元に心を向けて生きるものは、ほとんど皆無に近い。

だがしかし、地球人類の中にも、宇宙に覚醒して生きている者たちがいる。彼らは究極の真理に目覚めている。そして、彼らは地球生命体そのものに対して毎日祈りと感謝を捧げている。それは地球世界感謝行[注2]である。それによって、地球生命体は再び輝きを増し、生命を蘇らせている。彼らの存在は実に尊い。彼らの地球生命体への覚醒は目覚ましいものである。それによって、地球生命体は復活しつづけている。

地球人類よ、一刻も早く一人残らず、真理に目覚めることだ。地球生命体への覚醒こそ宇宙と地球と人類とが全く一つに大調和してゆける道なのだ。そのためには、地球人類一人一人が地球生命体に対して地球世界感謝行を捧げることだ。それこそが地球生命体を復活させるのである。

地球生命体を復活させるか破壊させるかは、もはや地球人類一人一人の真理への目覚めにかかっているのである。よろしく頼む』

すでに、日々、人類を代表して地球世界感謝行を行なっている人々が存在しております。

六. 石——空《くう》

太古からすべて一切を黙して語らず。

じっと何千万年もの間、座りつづけている岩や石。

彼らは天地創造の歴史を知り、地球の悲しみを感じとっています。

岩や石ほど、人間の飽くなき欲望、エゴ、極悪を知り尽くしているものはありません。何万年も一処にじっと座って、人間のすべてを知り尽くしているのです。

どうでもいい、という人間からは、何も生まれてはきません。何も起こりはしません。地球が汚染されようが、人類が破滅に近づこうが、そんなこと自分の知ったことではない、という独善的な生き方からは、何も授かりはしません。何も得られることはありません。人間は決して一人では生きてはゆかれないのに……。

自分の生命の花を咲かせるためには、地球の悲しみも、人類の痛みも、自然の慈しみもすべて知り尽くしていなければなりません。

大宇宙には無尽蔵の大生命が一分一秒の狂いもなく、天地創造の原理に従って働いています。地球が存在しつづける限り、人類もみな生きとし生けるものすべて一切の生命と共に生きつづけるのです。それは、共生、統合、調和への世界です。

人間はもっと自然に心を傾けなければいけません。もっと宇宙の生命のひびきを感じとらなければいけません。

人間以外のすべての生命は、何事もあるがままに生きているのです。タンポポも、ひまわりも、石も、松も、ひばりも、鮎も……。己れの花を咲かせ、己れの色を表現し、己れの生命をすべて任せきって、あるがままに生きています。

人間以外のすべての生命は、生きることのむずかしさなど知る由もないのです。生きることのむずかしさは人間だけに任せきって、常に生きることの喜び、幸せや平和を我がものとして生きているのです。

苔むす巌の傍らに、咲くも無心、散るも無心の小さき可憐な花々がいとも自然に、生命を託しながら、今を健気に生きています。一輪の花にも、永遠の生命が宿っています。

大きな巌は、怒濤に削られながら、やがて波打ち際に打ち寄せられては、さらに削られ、砂やじゃりと化してゆきます。

すべての生命は、輪廻の法則のもとに変化変滅を繰り返してゆきます。そして雲のように、水のように、何年も流れ流れて、ついには、善も悪も、憎悪も怨念も、不安も恐怖もすべては消えてなくなります。

不要なものはすべて捨て去ってゆきます。捨てて、捨てて、すべてを捨てきって、捨て去ったあと、奥から顕れてくるものは、燦然と光り輝く神の姿なり。

どんな日も、どんな人にも、どんなことがあろうとも、夜は必ず明け、光は必ず射してきます。それが宇宙の法則です。その法則通りに、素直に純粋に生きていないのは、人間だけです。

石は何も言わぬだけに、じっと見据えるだけに、なぜか深い感動を覚えます。

腹が立ったら、人を憎いと思ったら、人に裏切られたら、即、石を思うのです。

一心不動、一処不動、だるまのようです。

じっと黙って悠久の間、座りつづけています。

石は太古の昔より空でした。岩に石に手を当て、額を近づけて感謝を捧げましょう。

岩や石は黙って人間の業をすべて吸い取ってくれているようで、ただただ有り難く、石の上に身を横たえるだけで不安や恐れは掻き消され、安らぎと温もりに包まれてゆきます。

石には癒しの力があります。石は天と何万年もの間、交流しつづけ、人類の業を消していてくださるのです。だからこそ人間は、特に女性は、ダイヤ、ルビー、エメラルド、翡翠、トパーズ……などの石に魅せられ、身に飾ることによって、さまざまな業を退け、浄め、癒されていたのでしょう。

石は神秘です。石は暖かい。石は吸い取り紙のように、人類を癒しつづけてくれます。

人類は石さんの恩恵にどれほどあずかっていることでしょう。

石さんありがとう。石さんに感謝を捧げます。

七. 自然——永遠の生命

樹々の梢のクモの巣に引っかかったトンボのなきがら
アスファルトの上に土を見出せず、干からびてしまったミミズ
道端に倒れ伏してしまった可憐な草花
水が得られず、そのままドライフラワーに変身してしまったバラの花
心ない幾人もの人たちによって踏みつけられ、ちぎれてしまったタンポポ
宙に舞い上がって最後の一瞬に美を添える枯れ葉

そこにかつて静かな生命がありました。そしてここに静かな死を見ます。

私は今までにいくつもの昆虫のなきがらを目にしてきました。そして私は今までにいくつもの自然と生命との関わり合いを見てきました。今、地球に生きているす

べての生命も、過去に生きていたすべての生命も、そしてこれから生まれてくるすべての生命も、静寂の中、過去も現在も未来もない永遠の生命がひびいているのです。

かつて人類にも、自宅で愛する家族一人一人に見守られながらの静かな尊厳死、自然死が存在していたのでした。だが現在は大変残念ながら、かつてのあの静寂さ、暖かさ、平安さからすっかり遠ざかってしまいました。誰も彼もが人工的、機械的な騒音世界の中で、無機的な病室で孤独な死を迎えているのです。最期の瞬間さえ自らの意のままになりません。脈拍、呼吸、血圧を測定する機械に固定され、あの世に旅立つ人も見送る人も、ただただ数値が0を示すことによって、死が決定されるのを待つのみです。その間、時だけが無情に冷たく過ぎ去ってゆきます。

だがしかし、いかなる瞬間のいかなる状況の死であろうとも、生命はまた再びよみがえります。輝かしい永遠の生命として、神に戻るのです。

生と死は常に一つに結ばれ、つながっています。大宇宙のひびきに導かれるように、大生命の鼓動が聞こえてきます。それは、宇宙の生命のひびき、小宇宙と大宇宙が共鳴しつつ、小生命と大生命が織りなすひびきです。それは、生命交響曲そのものです。静寂の中から生まれてくるこの生命のひびき、無限の深さからよみがえってくるこの生命のひびき。

地球も人類もそして生きとし生けるものすべての生命は、永遠の生命そのものです。ただ在るがまま、自然に任せているだけです。それはあたかも大自然の織りなす一大芸術そのものであります。

私は生も死もすべてを飲みこんだ大自然の営みに深い畏敬の念を覚えます。自然こそ永遠の生命でなくして一体何でありましょうか。

自然の恩恵に人類を代表して感謝を捧げます。

大自然さん　ありがとうございます。

八．合掌――手

山や海、岩や雲、大自然は、人間を宇宙の無限の世界へと誘ってくれます。我々がみなかつて知っていたのに全く忘れてしまっていた世界、かつまた我々が何度もそこに行ったことがある世界へ――。人類は、この秘められた聖なる静寂が支配する空間、心の大海の底に、大いなる自己が横たわっていたことに誰も気づいていません。無頓着です。

今日、人類は大自然との交流をすっかり忘れ果ててしまいました。そして人と人との交わりも稀薄になり始めています。今や人類は、大自然との交流の代わりに、電話、パソコン、コンピュータ、テレビ等々、機械、無機物との交流が深く密接になり始めています。

かつて我々の手は、母（聖）なる大地にひれ伏しては畏まり、咲き乱れる花々をたおっては愛《め》で、その優しさに戯れ、うっそうと茂った巨樹に触れ、生命の交流をしていたものです。

かつて我々の指は、真冬の戸外の凍てつく厳しさにもビクともせず、見事に作業を果たし終え、そして大地をまさに眠りから揺り起こす田植えには、その屈強の指が優しい柔和な指へと変わっていたものです。

かつて我々の掌は新鮮な緑野菜に対し、かつまた人間の生命の糧のために自らの生命を捧げてくれる動物の犠牲的行為に対し、両手の掌を合わせて、彼らの尊い生命に対して感謝の祈りを捧げていたものです。

かつて我々の両手は、山からの湧き水や川の流れから飲み水を上手にすくい取り、人間に与えられた天の才、天の恵みに礼を尽くし、輝ける発明発見に励んでいたものです。

かつて我々の五本の指は、ドラムを打ちならし、自然と語らい、笛を吹き鳴らしては、動物と交流し、唄を歌い、宙を舞って、収穫を喜んだものです。

このように、かつて我々の手は、人類と動物、人類と生きとし生けるものの結び手として役立っていました。さらに人々は手を差しのべ、お互いの愛を確かめ合っていました。その手を固く握りしめ合えば、いかなる不安、恐怖さえも乗り越えることが出来たのです。人はみな、手を通し、互いに愛し合い、慰め合い、信頼し合い、支え合い、励まし合い、いたわり合い、そしてさらに癒し合っていたのです。

だが今の我々の手は一体、何をしているのでしょう。大地と、水と、植物と触れ合う代わりに、電話、テレビ、ＦＡＸ、コンピュータの無機質のキーを叩いているだけです。手と物体との交流、そこには人の暖かさも温もりも脈拍も息づきもありません。喜びも感謝も何もありません。

人類はすべて感動のない世界へと突入してゆきます。人類は次第に荒れ果ててゆきます。自らの肉体から聖なるもの、大いなるものを剥ぎとってゆきます。一つ、また一つと捨ててゆきます。残るは機械と化した、砂漠のような殺伐とした荒涼とした心のみ。

大いなる神は、私たちの肉体に両手を与えてくださいました。この両手は、生命の支えであり、神々との交流をはかる道具です。自然と私たちとのつながり、それは魂と魂との対話です。手は病を癒し、愛を確かめ合い、絆を固くします。手は祈りであり、創造の導き手です。

現在、人類はみな忙しい。機械が人の手にとって代わり、大量生産、大量消費へと突き進んでゆきました。誰も彼もが忙殺されています。地球の鼓動はおろか自分たちの生命の鼓動さえ聞く耳を持ちません。自分たちの耳に飛び込んでくるものは、真偽のほどが判らない言葉や真理から外れてしまった厖大な情報のみ。

電話、テレビ、ＦＡＸ、パソコン、コンピュータを通して、情報が洪水のように溢れ出ています。人類は情報に振り回され、傷つけられ、殺されてゆきます。情報こそが人間の心を忙しさへと駆り立ててゆくのです。それを止める人は誰もいません。また誰も止めようと思わないのです。

人間にとって何が一番大切なのか。人間にとって今、何が必要とされているのか。人間にとって何を一番に為さねばならないのか。そんな疑問も浮かばないほど、心のゆとりを失ってしまっています。環境破壊による地球の叫びも人の耳に届いていません。ましてや人の嘆きや悲しみは我関せず。

そんな時、ぽっかりと開いた虚空に、我々の組みつづける印《いん》[注3]が光に舞っています。我々の美しい両手が光を放ちながら、神々と全く一つに融け合って、宇宙空間を貫いています。

今の人類は、物質文明の最大の犠牲者です。大量生産、大量消費に踊らされ、〝足るを知らない〟飽くなき欲望の奴隷と成り果ててしまっています。

だからこそ人類の神聖なる肉体に再び目を転じる時が訪れたのです。

私の手、この手は何でも出来ます。この手に感謝したことがあったでしょうか。歯を磨き、顔を洗い、身体を浄めることも手の役割です。食事をするのも、ペンを握るのも、この手の働きです。自分の痛いところを擦り、手を当てて癒すのも自分の手の仕事です。花を活けるのも、掃除をするのも、楽器をならすのも、この手の存在があるからです。

人を励まし、人を感動させ、人を助け、人のために尽くせるのも、この手のお陰です。我々は一度でもこの手に、この指に感謝したことがあるのでしょうか。

聖なる手、本当に有難う。大事なことを教え、導いてくれるこの手に全感謝あるのみ。

人類はみな両手のひらを合わせて、宇宙神に祈りを捧げるのです。毎日の聖なる合掌こそ生きた手の働きです。

九．子供――在るがまま

父母を失った子供たち。重病を背負った子供たち。父母より虐待される子供たち。五体不満足ゆえに特殊施設にあずけられる子供たち。……

このように、地上にはたくさんのいたいけな子供たちが大人以上の辛酸をなめて生きています。それでもなお子供は希望の星です。子供はいかなる状況にもめげず、強くたくましく生きる力を内に秘めています。

子供は自分が置かれている状況をよく把握していて、悲しいこと、辛いこと、苦しいことがあっても、容易に口に出さず、心の中に秘めたままじっと耐えることをすでに知っています。感性の鋭さです。大人以上の我慢強さです。

言ってはいけないこと、口に出してはいけないことを大人以上に心得ています。

自分がもしくじけそうな言葉を口に出したら、大人がどれほど自分のために悲しみ、心配し、苦しむかを、大人以上に知っています。

子供のこの感性は、経験によって培われたものではありません。子供ゆえの純粋なる能力です。人の心が痛いほどわかるのは、天性の能力です。かつまた、どんな辛い中にあっても、自分の楽しみ、喜びを無邪気に見出してゆこうとする無限なる生命力が宿っています。

あらゆる不安、恐れの真っただ中でも、大人以上の冷静さと客観性を持っており、楽観的です。光明思想家です。取り乱したり、わめいたりはしません。たとえ泣いたりわめいたりしたとしても、一時のことです。その感情を長く引きずりません。尾を引きません。それが子供の天性です。生命力です。

子供は生まれたその瞬間から神を信じています。神と共に在ったことをはっきりと記憶しています。神と全く一つであることを信じて疑いません。ただ、それを口で説明しようともしません。いや、説明が出来ないのです。全く当然のこととして、初めから受け入れています。それは、あたかも自分の生命の存在イコール神の存在であるかのように……。

子供がそこにいるだけでほっとします。子供がそこで泣いていても、怒っていても、悲しんでいても、すべての表情、すべての行為が無心で、まるで妖精のようです。ただ、在るがままです。子供は生きることに把われず、死ぬことにさえも把われません。ただ生命ある限り、自然に生きています。

子供は大人が考えている以上のものです。むしろ大人より直観力に秀で、予知能力を持っています。子供は未来を予知し、人の心がわかります。母親の心、父親の心を鏡で映すかのように理解できています。自分を心から愛しているか、そうではないかは、魂レベルで感じとっています。大人は嘘を語り、偽った行為をしますが、子供は、それを本能で読みとっています。子供は親にあわせて生きています。大したものです。

大人より子供のほうが大人です。子供より大人のほうが子供です。それが真実です。だがしかし、大変残念なことには、子供が大人になるプロセスにおいて、少しずつ予知能力を失い、感性を捨ててゆきます。その代わり、人工的な頭脳になります。教育という名のもとに、常識という枠の中に入れられて……。子供の無心さは、心の奥にしまいこまれてしまいます。

親は子供に、ただ親の愛という名のもとに何もかも教えこもうとします。子供の心に少しも耳を傾けようともしません。嫌がる子供、反抗する子供に、親の期待と執着を押しつけるだけです。

世界の素晴らしい子供たちよ、愛しき子供たちよ。大人のエゴをどうぞ赦してください。大人の勝手気ままな振る舞いをどうぞお赦しください。私はすべての大人たちに代わって謝ります。子供たちに感謝します。そして心より敬い、尊びます。

子供は地上に生まれた瞬間から自分の生きる道を知っています。

子供は自分が何のために誕生したかをすでに知っています。

子供は自分の魂の経験を積み重ね、我即神也を顕現することを目的として誕生したことを知っているのです。子供は親や大人より真理を知っているのです。

子供を信じなさい。そしてもっと信頼するのです。

子供を敬いなさい。そしてもっと尊ぶのです。

子供に教えを乞いなさい。そしてもっと謙虚になるのです。

子供は天使そのままです。それを汚さず、痛めず、邪魔せず、神に至るまで大事に育てるのです。

子供たちよ、有難う。子供は在るがまま生きているのです。ただ在るがままに。

十. 厳粛——一億年前の記憶

たった一枚の透明な窓ガラスでさえも、外と内との間に隔たりを生じさせてしまいます。外の景色を在るがままに把え、自然の姿そのままを写し出し、何一つ隠すことなくそっくりそのまま現わすことは出来ても、真実の世界はそこにありません。生命の躍動、生命の尊厳、生命の輝き、生命の神秘、生命のひびきは遮断されてしまいます。

その窓ガラスを開け放つことにより、もはや内と外との隔たりは消えてなくなり、そこには何一つ遮るもののない真実の世界が現われるのです。

たった一つの疑いによって、自分の心は暗く悲しく重く閉ざされてしまいます。その疑いを取り除くことによって、そこにはもはや暗く悲しく重く閉ざされた心はありません。すべてが明らかに透けて見えるのです。自由に輝やかに。
たった一つの誤った記憶によって、天と地、神界と地上界を真二つに遮ってしまいます。人類のうつろで曖昧で不確かな記憶は、真実を覆い隠してしまいます。天の生命、天のひらめき、天の叡智、天のひびきが真直ぐに届いてはきません。伝わってはきません。ひびいてはきません。

人はたった一つの誤った記憶のヴェールを剥ぐことによって、真実を知ることが出来ます。そして天と地が真直ぐに直結します。素直に自然に自分自身に還れます。自分自身の魂の中の無限のひびきを聞けます。生命の明るさ、生命の神秘、生命の輝きがすっと心にしみとおり、人は目覚めるのです。

私は一体今、何をしていたのでしょう。
私はどうして今、ここにいるのでしょう。
何か大切なもの、大事なことを忘れてしまっていたような気がします。

その何かをなかなか思い出せません。

すぐにでも思い出せそうで、なかなか思い出せません。

一枚のヴェールが本心を遮り、脳裏によみがえってきません。その一枚のヴェールが本心を包み込んでしまって、真理が屈折し、歪められてしまっています。

そのヴェールに隠されてしまったもの、それは一体何なのでしょうか。何を思い出せばよいのでしょうか。私は目をつむり、一億年前まで記憶を辿ってゆきました。

そして私の一つ一つの遺伝子が記憶していたものが今、内奥から浮き上がるように、はっきりとよみがえってきたのです。

それは、まさに誕生、死、永遠の生命でした。

我即神也《われそくかみなり》、我即神也、我即神也……。

そうです。生きとし生けるものすべては光の粒子なのです。すべては光なのです。

そしてそれらの粒子は、地上でキラッと光って、すぐに消えてゆくのです。

残るのは、無限なる生命そのものです。

一億年前の記憶は、自分の死もまた永遠なる生命の一頁として捉えていました。死は死でなく誕生で、生命の流れとして自然でした。過去も、大過去も、一億年前の記憶もすべて圧縮され、凝縮され、我が肉体の遺伝子の中に流れ入り、その生命の源を間違いなく伝えつづけていたのです。

一億年前の記憶も、大過去の記憶も、過去の記憶も、現在の記憶も一貫して変わらず伝えつづけているものは、我即神也。その真理は消え去ったのではなく、今生きている者たちの中に引き継がれ、息づいています。我々の思考の中に、感情の中に、血の中に、脈拍の中に、呼吸の中に……。

そしてさらに我が肉体の中にも、両親が、祖父母が、ご先祖が、そして人類が脈々と生きているのです。

永遠に変わらず、遺伝子の中に刻印されているもの。それは究極の真理、我即神也、我即神也、我即神也……のみ。

一億年前の記憶の中から、私はそれを見出したのであります。

十一・宇宙

古代の人々は春夏秋冬の季節の移り変わりに感謝の祈りを捧げ、
昼夜の時の巡りを敬いたたえた。
宇宙の輝ける法則、地の運行に気づいた時、
彼らは天の神秘をかいま見た。
そして古代の人々はすべてのものに神を認めた。
そして、それぞれのものに名前を与え、資格を与えた。
かつての人類はあくまでも謙虚に慎み深く振るまい、
すべてのものを拝し敬いたたえた。
そして人類は常に天を仰ぎ、天を尊び、神々を崇拝するために

神殿を創り上げた。
そしてすべての者たちが平和を尊び、平和をうたい、平和をほめたたえた。
すべてものは、在るがままにあり、為すがままに為し、大自然の計らいに逆らわず、
すべて一切のものを認め合い、育くみ合い、慈しみ合い、助け合い、愛し合った。
すべてが整っていた。
すべては完璧であった。

地上に在りし生きとし生けるものすべては、
天の神に見守られ導かれ、無限なる愛に包まれていた。
人類は地上にて進化と創造、調和と平和の礎を築いていった。

天地創造

天上の壮大なる音楽が地上に鳴り響き、
霊光が人類にあまねく降り注ぐ。
太陽、月、銀河系、山、水、海、大地、
すべてが一大ロマンであり、偉大な存在そのものである。
光り輝く宇宙神の無限なる叡智が富士[注4]聖地に降り注がれる。
宇宙神の光が地上を司る太陽を通過し、地上に七色の虹を放つ。
人々の心はその光を浴び、たちまち高揚し、さらに高い精神を芽生えさせる。
自らを高い極みへと導き、自らを真理に目覚めさせる。
人々は感動、感激、歓喜に包まれ、
宇宙の鼓動にそっと触れ、
宇宙の神秘にはっと気づき、
宇宙の呼吸にふっと調和し一体となる。

宇宙の運行は無限に進化創造を繰り返し、
ついに宇宙の一切の存在が全く一つに重なり、大調和のなかに吸い込まれてゆく。
そこは、宇宙神の真っただ中
宇宙空間、左右上下、どこを見回しても輝くばかりの光、光、光。
大光明の渦の中
光体そのもの、我即神也そのものの自分がそこに在る。
地上の人々はみな一人残らず人即神也そのものである。
真実をかいま見た。

宇宙はわが生命そのもの、
宇宙神により神示を賜り、
その神示が繰り返されるうちに、

我々は大いなる目覚めに達し、
宇宙の中に融け込み、宇宙そのものと化す。

私は宇宙に心を託し、
宇宙に感謝を捧げるのである。
宇宙あっての地球であり、
地球あっての人類であり、
人類あっての個である。
すべては大光明となって一つに融け合い、
宇宙は永遠に大調和に向かって進化創造を続けてゆくのである。

注1　五井先生…著者の養父にあたる五井昌久先生（一九一六―一九八〇）。祈りによる世界平和運動を提唱して国内外に共鳴者多数。著書に『神と人間』『天と地をつなぐ者』『小説阿難』『老子講義』『聖書講義』等多数。

注2　地球世界感謝行…日常の中で広く地球世界のさまざまな事象に感謝の言葉を捧げる行為。地球世界を十一の対象に分け、それらを司る神々や、また我々の肉体に対して深い感謝の言葉を唱える行《ぎょう》をさす場合もある。150〜153頁にその文例を掲載。

なお、その文例の後に「光明思想の言葉」を付しているが、これは、日常において積極的なプラスの言葉を使用する習慣をつけるための参考例としてあげている。七つの言葉ごとに「世界人類が平和でありますように」という人類の平和を願う祈り言を加えているのは、自らと人類の意識の光明化《こうみょうか》をはかるためである。また、この言葉は、否定的な想いや言葉を発した時に、それを打ち消すための言葉として用いられる場合もある（例えば、憎しみの想いが出た場合、その反対の〝無限なる愛〟と唱え、打ち消す）。

注3　印《いん》…一般的には、両手の指をさまざまに組み合わせて宗教的理念を象徴的に表現すること、また仏教で法徳を示すために指先に作る形などと説明されているが、ここでは、宇宙根源のエネルギーに波長を合わせ、自らの内なる神性を顕現するとともに、大自然と調和し、すべての生命を癒すエネルギーを放つ印をさす。

この印に関心のある方は、白光真宏会（〒418-0102 静岡県富士宮市人穴八一二—一 tel 0544-29-5100 ホームページアドレスhttp://www.byakko.or.jp）までお問い合わせください。

この印には、注2の「地球世界感謝行」並びに「光明思想の言葉」をそれぞれ印をもって行なう方法もあります（156～161頁参照）。

注4　富士聖地…富士山西麓の朝霧高原にあり、白光真宏会の本部が置かれている。

注の参照

地球世界感謝行

現在のところ、地球や大地や空気や水に対して真に感謝の祈りを捧げる地球人はまだわずかの人々です。そこで、こうした人々に代わって、次のような感謝の言葉を唱え、地球世界を司る神々様に対し、深く感謝の祈りを捧げます。

海への感謝

人類を代表して／海を司る神々様に／感謝申し上げます。／
海さん、有難うございます。／
我々は／あなた様によって／生かされています。／
その限りなき恩恵に／心より感謝申し上げます。／
そのお心も知らぬ／人類の傍若無人なる振舞いを／
どうぞお許し下さい。／
岸をたたき／浜をけずり／船をのみこむ／逆まく大波／
荒れ狂う大波の数々を／どうぞおしずめ下さい。／
世界人類が平和でありますように／
海を司る神々様有難うございます。

大地への感謝

人類を代表して／大地を司る神々様に／感謝申し上げます。／
大地さん、有難うございます。／
あなた様によって／我々は生かされています。／
あらゆる生命を生み／育て／生かして下さる大地の／
限りなき恵みに／心より感謝申し上げます。／
世界人類が平和でありますように／
大地を司る神々様有難うございます。

山への感謝

人類を代表して／山を司る神々様に／感謝申し上げます。／
山さん、有難うございます。／
我々は／あなた様によって生かされています。／
その限りなき恩恵に／心より感謝申し上げます。／
そのお心も知らぬ／人類の勝手気ままの振舞いを／
どうぞお許し下さい。／噴火、爆発、山くずれを起こさせ／
我々に目覚めを促されるお心を／どうぞおしずめ下さい。／
世界人類が平和でありますように／
山を司る神々様有難うございます。

食物《たべもの》への感謝

人類を代表して／食物を司る神々様に／感謝申し上げます。／
すべての食物さん、有難うございます。／
我々は／あなた方によって生かされています。／
にもかかわらず／人類がとってきた／食物に対するわがまま／不平不満／感謝の足りなさを／どうぞお許し下さい。／
我々を生かし働かして下さる／エネルギー源の／すべての食物に／心より感謝申し上げます。／
世界人類が平和でありますように／すべての食物を司る神々様有難うございます。

肉体への感謝

人類を代表して／肉体に感謝申し上げます。／
私の肉体を生かしている／すべての機能／すべての血液／すべての骨／すべての体液／すべての神経／すべての筋肉／すべての内臓／すべての器官／肉体を構成している／一つ一つの細胞さん／有難うございます。／
肉体は／神様のみ心を現わす大事な場。／
肉体なくして／この世に完全平和を実現することは出来ません。／
我々は／我々の肉体を／尊い神の器として／神の表現体として／尊敬し、愛し、大切にいたします。／
世界人類が平和でありますように／肉体さん有難うございます。／
肉体さんの天命が完うされますように

水への感謝

人類を代表して／水を司る神々様に／感謝申し上げます。／
水さん、有難うございます。／
我々は／あなた様なくして生きてゆかれません。／
なのに人間のエゴによって／あなた様を汚している／愚かさをどうぞお許し下さい。／
我々はあなた様の存在／あなた様のお働きに／深く深く感謝申し上げます。／
世界人類が平和でありますように／お水さん有難うございます。／
水の天命が完うされますように

植物への感謝

人類を代表して／植物を司る神々様に／感謝申し上げます。／
草／花／樹／すべての植物さん／有難うございます。／
我々はあなた様によって／生かされ／慰められています。／
その限りない恩恵に／心より感謝申し上げます。／
そのお心もわきまえぬ／人類の身勝手な振舞いを／
どうぞお許し下さい。／
世界人類が平和でありますように／
植物を司る神々様有難うございます。

動物への感謝

人類を代表して／動物を司る神々様に／感謝申し上げます。／
昆虫類／魚介類／爬虫類／鳥類／哺乳類／
その他のすべての動物さん／有難うございます。／
我々はあなた様によって生かされ／栄えて来ました。／
その限りなき恩恵に／心より御礼申し上げます。／
そのお心を無視した／人類の心なき振舞いを／
どうぞお許し下さい。／
世界人類が平和でありますように／
動物を司る神々様有難うございます。

鉱物への感謝

人類を代表して／鉱物を司る神々様に／感謝申し上げます。／
岩／石／石炭／石油／その他すべての鉱物さん／
有難うございます。／
我々は／あなた様によって／日々生かされております。／
その限りなき恩恵に／心より御礼申し上げます。／
そのお心に気づかず／また気づきながらも／
人類のとる無責任なる行動を／どうぞお許し下さい。／
世界人類が平和でありますように／
鉱物を司る神々様有難うございます。

天象への感謝

人類を代表して／天象を司る神々様に／感謝申し上げます。／
空気／雨／風／雪／雲／星々／その他すべての天象／
有難うございます。／
我々は／あなた様によって／日々生かされております。／
その限りない恩恵に／心より御礼申し上げます。／
その広きお心を知らぬ／人類の傍若無人なる振舞いを／
どうぞお許し下さい。／
世界人類が平和でありますように／
天象を司る神々様有難うございます。

空気への感謝

人類を代表して／空気を司る神々様に／感謝申し上げます。／
空気さん有難うございます。／
我々は／あなた様によって／瞬々刻々生かされています。／
あなた様なくして／生きてゆかれません。／
にもかかわらず／人類のエゴによって／あなた様を汚している
愚かさを／どうぞお許し下さい。／
我々は／あなた様の限りなき恩恵に／心より御礼申し上げます。／
世界人類が平和でありますように／
空気を司る神々様有難うございます。

太陽への感謝

人類を代表して／太陽を司る神々様に／感謝申し上げます。／
太陽さん有難うございます。／
我々は／あなた様のエネルギーによって／
瞬々刻々生かされています。／
あなた様なくして／すべての生物は／生きてゆかれません。／
その限りなき恩恵に／心より御礼申し上げます。／
世界人類が平和でありますように／
太陽を司る神々様有難うございます。

光明思想の言葉

光明思想の言葉としては、次のような言葉があります。

世界人類が平和でありますように

1　無限なる愛
2　無限なる調和
3　無限なる平和
4　無限なる光
5　無限なる力
6　無限なる英知
7　無限なるいのち

世界人類が平和でありますように

8　無限なる幸福
9　無限なる繁栄
10　無限なる富
11　無限なる供給
12　無限なる成功
13　無限なる能力
14　無限なる可能性

世界人類が平和でありますように

15　無限なる健康
16　無限なる快活
17　無限なるいやし
18　無限なる新鮮
19　無限なるさわやか
20　無限なる活力
21　無限なる希望

世界人類が平和でありますように
22 無限なる自由
23 無限なる創造
24 無限なるひろがり
25 無限なる大きさ
26 無限なる発展
27 無限なるエネルギー
28 無限なる感謝
世界人類が平和でありますように
29 無限なる喜び
30 無限なる美
31 無限なる若さ
32 無限なる善
33 無限なるまこと
34 無限なる清らか
35 無限なる正しさ

世界人類が平和でありますように
36 無限なる勝利
37 無限なる勇気
38 無限なる進歩
39 無限なる向上
40 無限なる強さ
41 無限なる直観
42 無限なる無邪気
世界人類が平和でありますように
43 無限なるゆるし
44 無限なる栄光
45 無限なる気高さ
46 無限なる威厳
47 無限なる恵み
48 無限なる輝き
49 無限なる包容力

「印による地球世界感謝行」と「印による光明思想徹底行」について

印とは、宇宙のエネルギーを自分の肉体に取り入れ、それを周りに放ってゆくことが出来る方法です。印を組む意識と言葉、そして手の動きの流れによって、その波動が宇宙の無限なるエネルギーの波動と交流してまいります。

この印を用いることにより、地球世界感謝行（また、光明思想徹底行）のエネルギーは100パーセントプラスに働き、宇宙の“形の場”に刻印されてゆきます。そのプラスのエネルギーが、空気、大地、海、山、河、動植物へゆき渡り、その生命力を蘇らせることが出来るのです。

これらの印を組むときには、まず左記の「如来印」を組みます。この印は、左手には宇宙の神秘なるエネルギーが満ち溢れ、右手には肉体のエネルギーが満ち溢れ、お互いが調和して真なる働きを為してゆくという、プラスとマイナスの調和、天と地との交流を示しております。

如来印の組み方

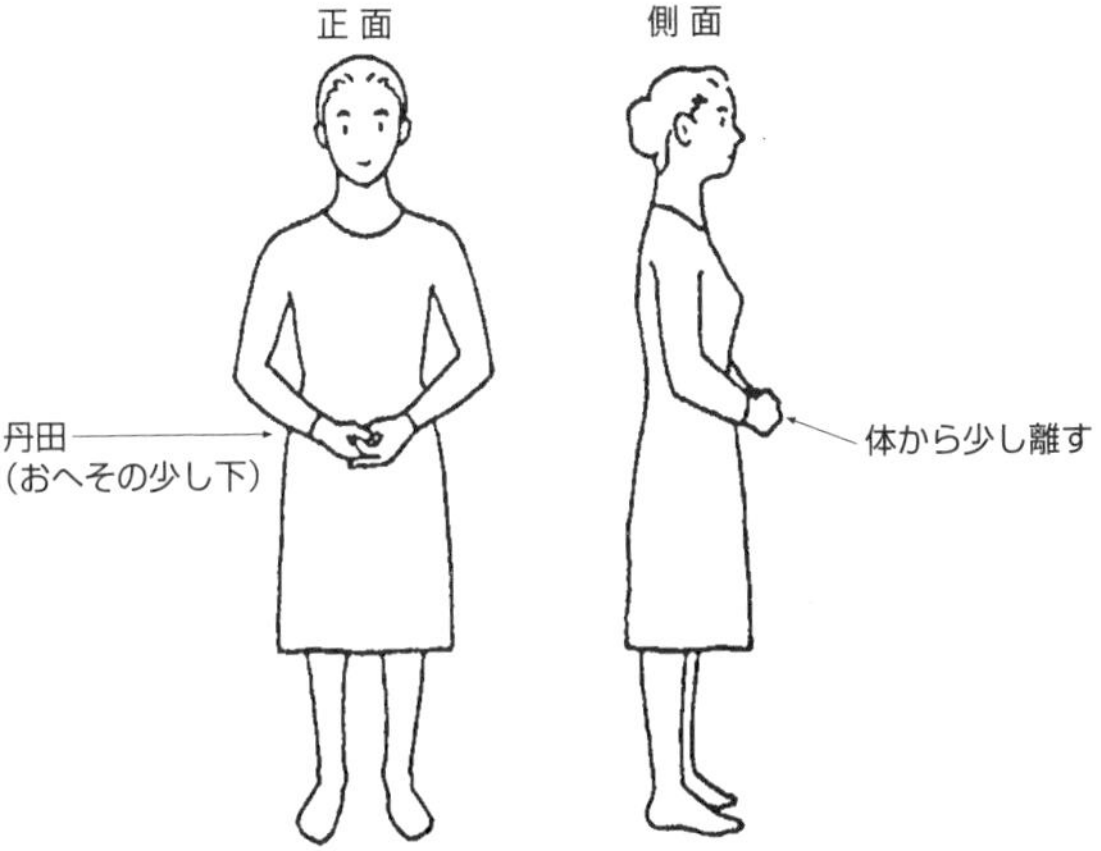

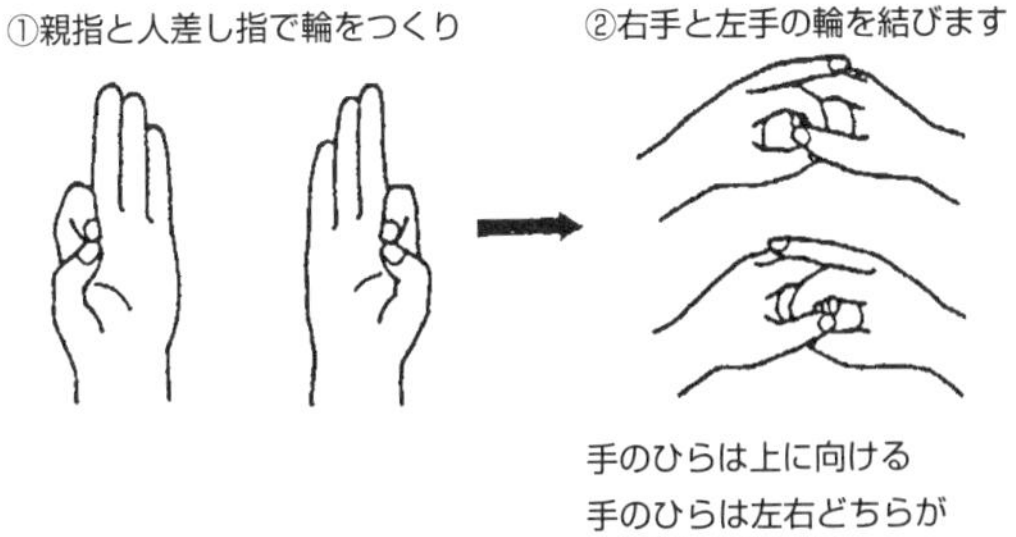

手のひらは上に向ける

手のひらは左右どちらが
上になってもよい

印による地球世界感謝行の行ない方
(「海への感謝」を例にしています)

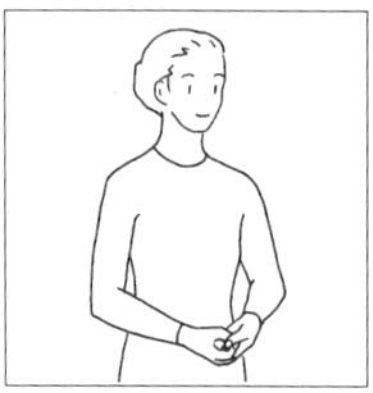

1. 最初に丹田で如来印を組みます。

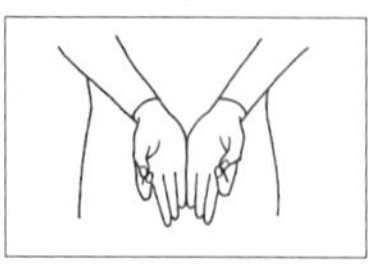

2. 左図のように、解いた如来印を丹田の位置からやや上に持ち上げ、印を組み始めます。

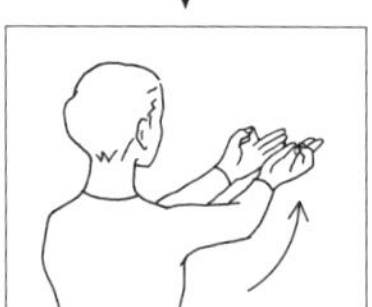

3. 「人類を代表して」と唱えながら、両手をイラストのような形にしながら天に捧げるようにしてすくい上げ、肩の高さで止めます。ひじは伸ばしきらずに少し余裕をもたせておきましょう。

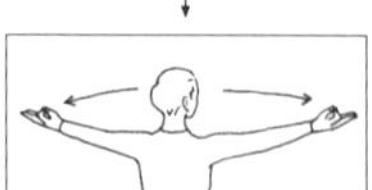

4. 「海を司る神々様に感謝申し上げます」と唱えながら、両手を大きく水平に開きます。

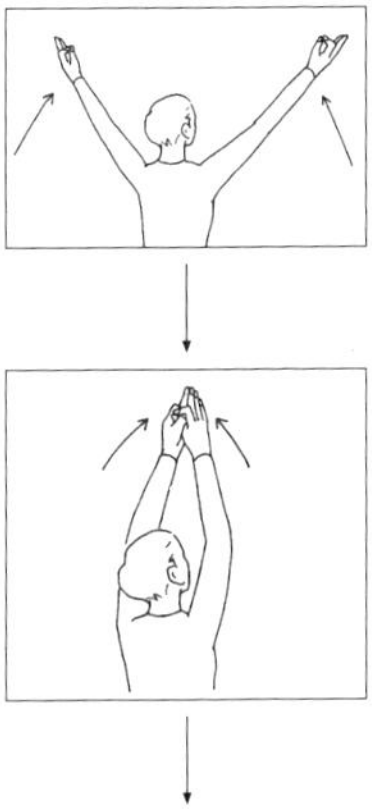

5.「海さん」と唱えながら、開いた両手を頭上に伸ばし如来印の合掌をします。この時、手はできるだけ伸ばします。

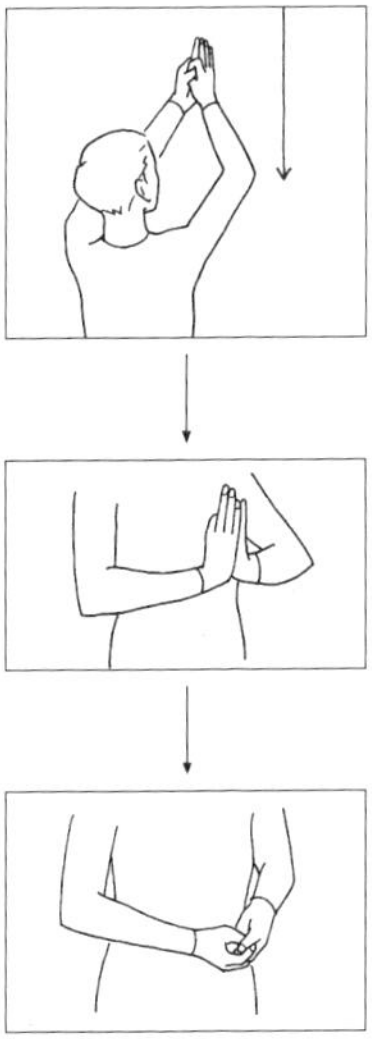

6.「ありがとうございます」と唱えながら、如来印の合掌を頭上から降ろし、胸の前で止めます。その後丹田の如来印に戻します。

他の十一項目（150〜153頁参照）の感謝行も同様に行ないます。なお、肉体への感謝の時は「人類を代表して、肉体に感謝申し上げます」となります。

印による光明思想徹底行の行ない方

（「無限なる愛」を例にしています）

1. 最初に丹田で如来印を組みます。

2. 顔の前で如来印の合掌をして、「世界人類が平和でありますように」と唱えます。

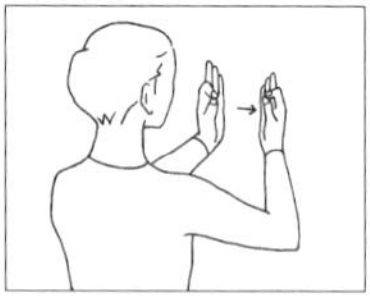

3. 左手はそのまま動かさず親指と人差し指で輪をつくったまま合掌を解き、「無限なる」と唱えながら、右手（如来印の形）の掌を天に向けながら右腕を前方に伸ばして大きく右方向に水平に回し、さらにボールを投げるように右肩の後方に自然にもってきます。

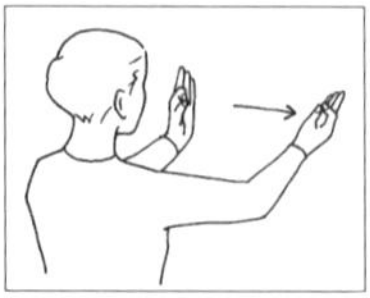

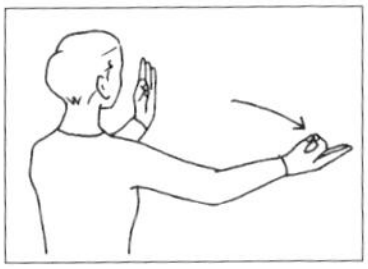

4. 右手を如来印の形から人差し指を伸ばした形に変え、「愛」と唱えながら魂を込めて天を指さし刻印します。

5. 顔の前で如来印の合掌に戻り3～4をくり返し、また7項目ごとに「世界人類が平和でありますように」を唱える時には2～4をくり返してつづけます。(唱える言葉は154～155頁をご参照ください)

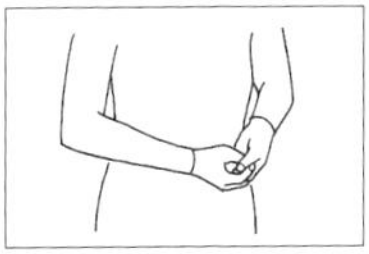

6. すべてが終わったら丹田の如来印に戻って終わります。

本書のPART1〜PART3までは、『The Earth Healer's Handbook』(Gratitudebooks.com 刊 西園寺昌美／メアリ・マクエイド著 ISBN4-901719-03-3)の日本語翻訳に加筆したものです。

西園寺昌美（さいおんじまさみ）
白光真宏会会長・ワールド ピース プレヤー ソサエティ代表・五井平和財団会長。
祈りによる世界平和運動を提唱した故・五井昌久先生の後継者として国内国外に世界平和の祈りを普及するとともに、各人の神性を開発し、人類に真理の目覚めを促す活動を展開中。講演や多くの著書を通じて、人々に生きる勇気と感銘を与えている。
著書に『明日はもっと素晴しい』『我即神也』『かくて地球は蘇る』『真理―苦悩の終焉』『教育の原点―運命を開く鍵』『次元上昇』『自己完成』『自然体で生きよう』『愛は力』『神人誕生』（以上、白光出版）『あなたは世界を変えられる（共著）』『もっともっと、幸せに』『無限なる幸せ』（以上、河出書房新社）『光の雨が降りそそぐ』（にじゅうに）
『You are the Universe』（Byakko Press）
『Infinite Happiness』（Element Books）
『Die Kraft Friedvollen Herzens』（Aquamarin Verlag）
等がある。
白光真宏会出版本部ホームページ　http://www.byakkopress.ne.jp
白光真宏会ホームページ　http://www.byakko.or.jp

地球を癒す人のハンドブック

平成十五年四月十日　初版

著　者　西園寺　昌美
発行者　今　章
発行所　白光真宏会出版本部
〒418-0102　静岡県富士宮市人穴八一二―一
電　話　〇五四四（二九）五一〇九
ＦＡＸ　〇五四四（二九）五一二二
振替　〇〇一二〇・六・一五一三四八
東京出張所
〒101-0064　東京都千代田区猿楽町二―一―十六
下平ビル四〇一
電　話　〇三（五二八三）五七九八
ＦＡＸ　〇三（五二八三）五七九九
印刷所　加賀美印刷株式会社

乱丁・落丁はお取り替えいたします。
定価はカバーに表示してあります。

ISBN4-89214-155-0 C0014